GOLDMANN

W0179888

Buch

Kilometerlange Linien, geometrische Muster und riesige Tierfiguren in solchen Ausmaßen, daß sie nur aus der Luft erkennbar sind, wurden vor 50 Jahren in der peruanischen Wüste bei Nazca entdeckt. Keine andere archäologische Fundstätte des südamerikanischen Kontinents hat die Phantasie von Wissenschaftlern so angeregt wie die Linien von Nazca.

Maria Reiche beschäftigte sich 40 Jahre lang mit der Erforschung dieser Wüstenzeichen. Sie fand Beweise für einen Sternenkalender, vermaß, kartographierte und entdeckte die Konstruktionsprinzipien: Der Schlüssel zum Geheimnis kann in der mythologischen Weltsicht der früheren Bewohner des Nazca-Tales liegen. Sie suchten den Weg zu den Sternen zwischen der allmächtigen Natur und der Ohnmacht des Menschen.

Vom Leben dieser außergewöhnlichen Frau berichtet Carmen Rohrbach auf sehr persönliche Weise und läßt den Leser teilhaben an der Kraft und Ausstrahlung dieser geheimnisvollen Region.

Autorin

Carmen Rohrbach studierte Biologie und promovierte am Max-Planck-Institut in Seewiesen bei München. Auf ihren zahlreichen Reisen sammelte sie Erfahrungen und begann, ihre Erlebnisse literarisch zu verarbeiten.

Die Arbeit an einem Dokumentarfilm über die »Wüstenzeichen von Nazca« bot ihr gute Voraussetzungen für dieses Buch.

CARMEN ROHRBACH

BOTSCHAFTEN IM SAND

Reise zu den rätselhaften Nazca-Linien

GOLDMANN VERLAG

Umwelthinweis:
Alle bedruckten Materialien dieses Taschenbuches
sind chlorfrei und umweltschonend.

Der Goldmann Verlag
ist ein Unternehmen der Verlagsgruppe Bertelsmann.

Vollständige Taschenbuchausgabe Oktober 1995
© 1992 Frederking & Thaler GmbH, München
Umschlaggestaltung: Design Team München
Umschlagfoto: Carmen Rohrbach
Fotos: Carmen Rohrbach, Maria Reiche, Jim Woodman
Karten: Isolde Notz-Köhler, München
Druck: Presse-Druck Augsburg
Verlagsnummer: 12519
Ba · Herstellung: Stefan Hansen
Made in Germany
ISBN 3-442-12519-7

10 9 8 7 6 5 4 3 2 1

Inhalt

Anhang

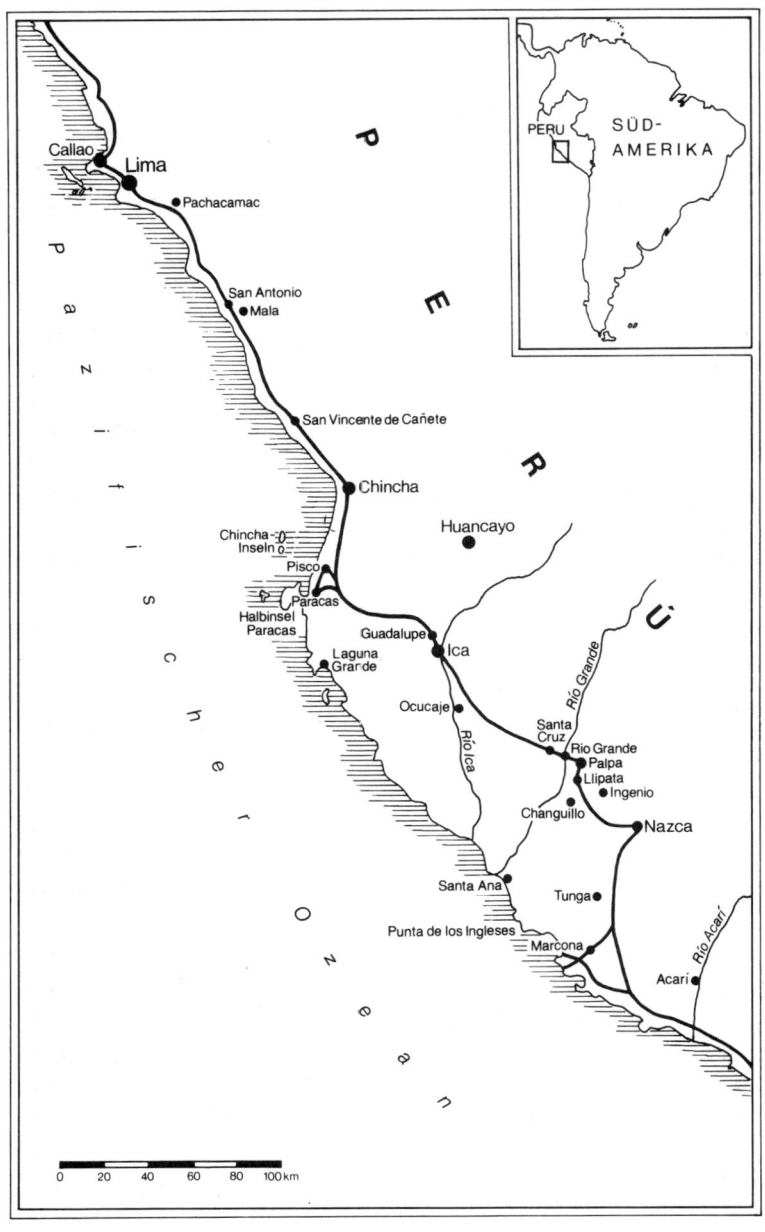

1 Herrin der Linien

Fünf Uhr morgens. Noch ist es dunkel in Lima. Nur spärlich beleuchtet ein flackerndes Neonlicht den Eingang zu einem kahlen Raum, in dem lange Bänke im Viereck stehen. Es ist der Warteraum für Passagiere, die von hier aus mit Bussen in alle Himmelsrichtungen aufbrechen.

Ich bin froh, Lima verlassen zu können, denn eine dichte Dunstglocke taucht die Stadt in ein fahles, graues Licht. Außerdem ist es schwül, und meine Haut ist klebrig von Schweiß und Staub.

Ich bin in Begleitung von Walter Jacob, einem Dokumentarfilmer aus München. Er hat bereits Erfahrung mit Dreharbeiten in Südamerika und ist deshalb darauf bedacht, unsere wertvollen Filmgeräte sicher vor Dieben im hinteren Teil des Warteraumes zu verstauen.

Draußen steht ein Bus, dem man die Jahre auf schlechten Straßen und die vielen Kilometer längs und quer durch den südamerikanischen Kontinent ansieht. Wegen der Staubschicht kann man seine Farbe nur ahnen. Die Fenster sind blind, und bei einigen ist das zerbrochene Glas durch Pappe ersetzt. Trotzdem wirkt der Bus imposant. Er ist ausladend gebaut, und wuchtig drückt die schwere Karosserie auf die riesigen Räder.

Als wir ankommen, stampft und prustet der Motor asthmatisch, und aus dem Auspuff quellen schwarze Rußschwaden. Dann verstummt der Veteran, und zwei Mechaniker beugen sich tief hinein in seine »Eingeweide«. Ab und zu schleudern sie Ballen öliger Putzwolle heraus.

Unser Reiseziel ist Nazca, etwa 440 Kilometer südlich von Lima. Nazca ist eine kleine Oase in der peruanischen Küstenwüste. Vor Jahrzehnten schon wurden in der Nähe dieser Ortschaft rätselvolle Bodenzeichen entdeckt. Wir wollen über die Geschichte und Bedeutung dieser Zeichen einen Dokumentarfilm drehen und darin über eine ungewöhnliche Frau berichten, die seit 40 Jahren dort forscht, um den Zeichen ihr Geheimnis zu entlocken. Vor einigen Jahren, am Max-Planck-Institut in Seewiesen, habe ich zum ersten Mal den

Die Plaza San Martin im Zentrum von Lima

Namen dieser Frau gehört. Der Direktor unseres Institutes berichtete von seiner Expedition nach Südamerika und erwähnte dabei auch Maria Reiche. Er war beeindruckt von ihrer Persönlichkeit und ihrem Forschergeist. Ich kann mich noch genau erinnern, wie er sagte: »Diese Frau hat sich ganz mit ihrer Arbeit identifiziert und ist selbst ein Teil der Wüste geworden.«

Inzwischen ist es schon sechs Uhr morgens, und der Warteraum füllt sich allmählich mit Menschen. Durch den Eingang sehe ich, daß es bereits zu dämmern beginnt. Aber richtig hell oder gar sonnig wird es während des Winterhalbjahres auch tagsüber selten; denn die Luftfeuchtigkeit ist wegen der Nähe zum Pazifik sehr hoch. Ständig fallen feine, kaum wahrnehmbare Tröpfchen nieder. Die Menschen hier sprechen von *garua*. Im Wörterbuch steht für *garua* Nieselregen, aber eigentlich ist es unübersetzbar, weil es für diesen haarfeinen Regen keinen gleichwertigen Begriff im Deutschen gibt.

Noch immer ist es erstaunlich ruhig im Raum, obwohl inzwischen 15 bis 20 Menschen anwesend sind. Sie stehen, sitzen oder hocken auf dem Boden. Einige Frauen haben auf ihrem Rücken Säuglinge mit Tüchern festgebunden. Ein Mann hat ein Bündel Hühner neben sich liegen. Er hat den Tieren die Füße verschnürt. So können sie sich nicht bewegen und liegen apathisch auf dem Steinboden. Von Zeit zu Zeit hebt eines den Kopf, läßt ihn gleich darauf wieder fallen und verschließt die Augen mit blaßgelben Lidern.

Wir haben eine Landkarte zwischen uns ausgebreitet und studieren gemeinsam die Route, die wir mit dem Bus fahren werden. Während ich noch in die Karte vertieft bin, ruft Jacob plötzlich: »Eine Tasche fehlt!«

Erschrocken springe ich auf, zähle die Gepäckstücke. Tatsächlich, eines fehlt! Es ist weder unter der Bank noch neben der Bank noch sonstwo im Raum. Gestohlen! Das darf doch nicht wahr sein! Kein einziger Mensch ist in unserer Nähe gewesen. Es gab kein Gedränge. Die Leute sind einzeln oder in kleinen Gruppen hereingekommen, haben sich hingesetzt und sich nicht mehr vom Platz gerührt. Auch der Ausgang war immer in unserem Blickfeld. Wir hätten bestimmt gesehen, wenn jemand unser Gepäck hinausgetragen hätte. Erst jetzt bemerke ich am Ende des Raumes eine Art Tresen, hinter dem zwei Männer stehen und Fahrscheine verkaufen. Obwohl sie unsere Aufregung bemerkt haben müssen, schauen sie betont desinteressiert. Deshalb fällt mein Verdacht sofort auf sie. Vielleicht haben sie mit einer langen Stange nach unserem Gepäck geangelt?

Ich spreche sie an, aber die Männer tun so, als könnten sie mein Spanisch nicht verstehen. Ich schaue unter dem Tresen nach. Nein, da ist die Tasche auch nicht. Dahinter entdecke ich eine Tür. Ich öffne sie und gelange in einen kleinen Hof, der von einer zwei Meter hohen Lehmmauer umgeben ist. Ich sehe mich um, finde jedoch keinen Platz, an dem die Tasche versteckt sein könnte. Wahrscheinlich hat sie der Dieb über die Mauer geworfen.

Resigniert gehe ich zurück in den Warteraum. Die beiden Männer stehen noch immer hinter dem Tresen und blicken sehr gewollt an mir vorbei. Dieses Verhalten macht sie mir noch verdächtiger, doch ich kann von ihnen keine Auskunft erzwingen, und es würde auch nichts nützen, die Polizei zu rufen. Aus Erfahrung weiß ich, daß sie nur den Tatbestand aufnimmt und weiter nichts geschieht.

Wir haben mit Absicht keine glitzernden Alukoffer gewählt, sondern die Filmausrüstung in unauffälligen Stofftaschen und Rucksäcken verstaut. Welchen Teil der Ausrüstung mögen sie erbeutet haben? Die Kamera?! Nicht auszudenken – dann ist unser Unternehmen gescheitert, noch bevor es begonnen hat. Ich versuche den Gesichtsausdruck von Jacob zu deuten. »Was haben sie gestohlen?« frage ich.

»Das Tonbandgerät!«

Ich bin erleichtert. Zum Glück nicht die Kamera! Aber da erschrecke ich schon wieder – das ist ja fast genauso schlimm! Ein Film ohne Ton?

In diesem Moment wird laut ausgerufen: »*Nazca! Nazca! Dirección Nazca!*«

Wir steigen in den Bus ein, sind aber von dem Schock noch wie betäubt. Was sollen wir tun? Ich gehe in Gedanken alles noch einmal durch: Wir sind beide immer neben unseren Gepäckstücken sitzen geblieben. Wir hätten bemerken müssen, wenn eine Lücke entstanden wäre. Es ist wie ein böser Zauber.

Die Stadt Lima liegt längst hinter uns, als ich mich etwas beruhigt habe und erstmals die Landschaft wahrnehme. Links und rechts von der Straße wellen sich Dünen, gelbweiße Sanddünen. Sie reflektieren das grelle Licht der Sonne, die in dieser Höhe und weitab vom Meer gnadenlos herabbrennt. Kleine, armselige Ortschaften liegen verloren in dem ausgeglühten Land, und wir fahren weiter nach Süden, Nazca entgegen.

Wie mag es wohl gewesen sein, als Maria Reiche zum ersten Mal nach Nazca reiste? 1941 gab es diese Asphaltstraße noch nicht, nur eine staubige Sandpiste. Es muß abenteuerlich gewesen sein, allein, als Frau.

Der Bus rumpelt über die zahllosen Schlaglöcher der Straße, die Teil der wichtigsten Straßenverbindung Südamerikas ist, der Panamericana. Sie durchschneidet den gesamten Kontinent vom äußersten Norden Kolumbiens bis zum südlichsten Ende von Feuerland.

Doch hier ist die berühmte Traumstraße so schmal, daß Fahrzeuge nur knapp aneinander vorbeikommen. Manche Löcher und Querrinnen im Asphalt sind bis zu einem halben Meter tief. Deshalb fahren die meisten Fahrzeuge nicht auf der Straße selbst, sondern daneben auf dem sandigen Randstreifen. Ein grauer Staubschweif weht dann kilometerweit hinter ihnen her und verhüllt die Sicht.

Vor uns im Bus sitzen zwei Frauen. Ihre blauschwarzen Haare sind scharf gescheitelt und mit bunten Bändern zu Zöpfen geflochten, die schwer auf die Schultern herabhängen. Nach Haartracht, Kleidung und Aussehen zu urteilen, gehören sie zu einem Indianerstamm* des Andenhochlandes.

Ein Fahrzeug kommt uns mit hoher Geschwindigkeit entgegen. Unser Busfahrer reißt gerade noch das Lenkrad herum und kann so im letzten Moment einen Zusammenstoß vermeiden. Der Bus kommt trotzdem von der Straße ab und gerät auf den tiefer liegenden Randstreifen – und schon kracht es fürchterlich. Unser Gefährt schwankt wie ein Schiff bei Sturmflut. Es neigt sich zur Seite, richtet sich wieder auf. Es ächzt, als würde es auseinanderbrechen. Dann plötzliche Stille. Der Bus steht! Zwar abseits der Straße, aber offenbar unversehrt. Alles hat nur Bruchteile von Sekunden gedauert. Der Busfahrer beugt sich weit aus dem Fenster, schimpft und flucht, denn der Fahrer des anderen Autos, der beinahe einen Unfall verschuldet hätte, ist einfach weitergefahren. Unser Fahrer dreht sich um und fragt die Insassen, ob alles in Ordnung sei. Ein Murmeln antwortet ihm, ein paar Kinder weinen. Es ist erstaunlich, wie scheinbar gleichmütig sich die Menschen verhalten, obwohl sie gerade eine gefährliche Situation überstanden haben. Niemand regt sich auf, keiner lamentiert. Während meiner Reisen in Südamerika habe ich immer wieder dieses Verhalten beobachtet.

---

* Die Ureinwohner Südamerikas werden als *indios* bezeichnet. Dieser Ausdruck hat aber etwas Abfälliges, denn man assoziiert damit: arm, primitiv, rückständig, schmutzig, dreckig. Will man jemanden beschimpfen und diskriminieren, so benutzt man dieses Wort. Deshalb verwende ich statt dessen die Bezeichnung »Indianer«. Sie selber bezeichnen sich als *indígena* = einheimisch oder mit ihren Stammesnamen: *Aymara, Quechua, Salasaca.*

Ich bin mir sicher, daß sie genauso erschrocken sind wie wir und jetzt Angst vor der Weiterfahrt haben. Nur äußern sie ihre Gefühle anders. Vor allem in Situationen, die sie nicht beeinflussen können, ziehen sie sich in sich selbst zurück und wirken deshalb auf den oberflächlichen Betrachter unempfindlich, dumpf, oft sogar gefühlsarm.

Jetzt erst bemerke ich, daß sich eine Indianerin mit beiden Händen den Kopf hält. Ihre Nachbarin sagt etwas auf Quechua zu ihr, einer Indianersprache. Ich erkundige mich, und ein Mitfahrer übersetzt ins Spanische: »Ihr Stativ ist heruntergefallen!«

Wir hatten das schwere Kamerastativ im Gepäcknetz verstaut. Durch das Schleudern des Busses war es herausgeschnellt und hatte beim Fallen die Frau am Kopf getroffen. Gerne möchte ich ihr etwas anbieten, als Ausgleich für die Schmerzen. Ich bitte den Mann, der zuvor übersetzt hat, um Vermittlung. Er spricht mit ihr, lacht dann und erklärt mir: »Sie will nichts. Sie ist ebenso starrköpfig, wie ihr Schädel hart ist.«

Der Fahrer ist inzwischen ausgestiegen und hat sich unter den Bus gebeugt. Er kommt zufrieden zurück, weder Rahmen noch Achsen sind gebrochen. Er läßt den Motor an, der aufheult. Die Räder drehen im Sand durch, aber dann finden sie wieder Halt und überwinden den scharfen Rand zum asphaltierten Teil der Straße.

Der Bus hält in staubigen Ortschaften, und Passagiere steigen aus und ein. Händler drängen zum Bus, rufen und winken, damit man die Fenster öffne. Auf ihren Köpfen balancieren sie Körbe mit Bananen, Apfelsinen und gekochtem Mais, andere reichen Tüten empor mit Erdnüssen und gesalzenen Bohnen. Mir gegenüber hat jetzt ein alter Mann Platz genommen. Trotz der Hitze trägt er eine Wollmütze. Er hat einen grauen Schnurrbart und listig blinzelnde Augen. Neugierig mustert er mich. »*Extranjera?* Ausländerin?«

»*Sí.*«

»Wohin fahren Sie denn?«

»Nach Nazca.«

»Ah! Nazca. Kennen Sie Maria Reiche schon?«

Ich bin überrascht, daß er von der Wissenschaftlerin weiß. Er lächelt und erklärt: »Na klar, sie ist doch sehr berühmt hier. Alle

Menschen in Peru wissen, wer *doctora* Reiche ist. Sie ist die Herrin der Linien!«

Der Mann spricht mit viel Respekt von Maria Reiche, und in seiner Stimme klingt Stolz darüber mit, daß die deutsche Wissenschaftlerin in Peru lebt und forscht.

Viele Stunden sind wir schon unterwegs. Der Mittag ist lange vorbei, aber noch immer glüht die Sonne fast senkrecht vom Himmel herab. Die Luft im Bus ist stickig und verbraucht. Es ist ein schwerer, süßlicher Geruch – eine Mischung, die den unterwegs gekauften Früchten und den schwitzenden Menschen entströmt. Und wenn an den Haltestellen die Türen geöffnet werden, quillt nur heißer, staubiger Dunst herein. Die Menschen im Bus ertragen apathisch die Torturen der Reise, und auch wir sitzen schweigend auf der unbequemen, vom Schweiß klebrigen Bank mit ihrem Plastikbezug.

Dann verändert sich die Landschaft. Die Oberfläche ist jetzt mit bräunlichem Geröll und Gestein bedeckt. Tief eingebettet in diese braune Steinwüste liegen grüne Flußtäler. Dort wird vor allem Baumwolle angebaut. Üppig grün und fast zwei Meter hoch wuchern die Baumwollsträucher. Manche sind mit gelben Blüten übersät, an anderen springen schon die dunklen Fruchtkapseln auf, und die weißen Flocken quellen heraus. Der Bus fährt durch diese grünen Täler, die quer zur Panamericana verlaufen, und keucht auf Serpentinen wieder zum 450 Meter hohen Wüstenplateau hinauf.

Der Mann, der mir zuvor von der *dama de las lineas*, der Herrin der Linien, berichtet hatte, war eingeschlafen. Jetzt ist er aufgewacht und sagt: »Das ist die Pampa von Nazca. Hier ist das Gebiet der Bodenzeichnungen. Aber die Zeichen kann man von der Erde aus nicht sehen, nur wenn man mit einem Flugzeug darüber fliegt.«

»Sind Sie schon einmal geflogen?«

Er schüttelt den Kopf. »Was denken Sie denn? Ich bin ein einfacher Mann! Das kann ich mir nicht leisten.«

»Sieht man denn vom Boden aus überhaupt nichts?« frage ich.

»Da sind nur Wege, die sind so schmal, daß kaum zwei Füße nebeneinander passen. Aber laufen Sie bloß nicht in die Wüste hinein, um die Zeichen zu suchen. Dann bekommen Sie es mit der *doctora* zu tun. Da, sehen Sie das Schild, da draußen!«

Ich lese gerade noch etwas von fünf Jahren Gefängnis und einer hohen Geldstrafe.

Der Mann erklärt: »Es gibt noch mehr Verbotsschilder entlang dieser Strecke. Die Leute werden gewarnt, nicht in die Pampa zu gehen oder gar zu fahren, weil jeder Abdruck für immer erhalten bleiben soll.«

»Verwehen denn die Spuren nicht?« frage ich.

»Das müssen Sie die *doctora* fragen, sie weiß das. Dort, schauen Sie! Das kleine, flache Gebäude am Straßenrand, das ist die *hacienda San Pablo*, da hat sie viele Jahre gelebt.«

Schnell sind wir an dem unscheinbaren Haus vorbeigefahren. Ich nehme mir vor, später noch einmal zurückzukehren, um es mir genauer anzusehen.

Nun müßten wir bald ankommen. Es ist vier Uhr nachmittags. Neun Stunden hat der Bus für die fast 500 Kilometer gebraucht. Aber jetzt fühle ich mich nicht mehr müde und angestrengt, sondern munter, voller Neugier und Erwartung. Wie wird die erste Begegnung mit Maria Reiche sein?

Der Bus hält. Endlich raus! Wo ist unser Gepäck? Ja, da sind unsere Taschen, jetzt nur noch sieben! Die Straße ist breit und staubig und, obwohl es schon spät am Nachmittag ist, noch immer von der Hitze der Sonne durchglüht. Da stehen kleine Häuser, einstöckig, mit flachen Dächern, weiß gekalkt oder hellblau gestrichen.

Wir sind die einzigen Ausländer, die mit dem Bus ankommen, und werden deshalb neugierig gemustert. Ein junger Mann fragt höflich: »Brauchen Sie eine Unterkunft?«

»Wir suchen das Hotel *Los Turistas*«, antworte ich.

Er lacht und zeigt mit dem Finger über die Straße. »Da ist es schon!«

Wir gehen durch einen Torbogen und befinden uns plötzlich in einer völlig anderen Welt. Da plätschert Wasser. Azurblau leuchtet ein großes Schwimmbecken, in dem sich der Himmel und die Sonne spiegeln. Exotische Blumen verströmen betörende Düfte, und Vogelgezwitscher ertönt aus Büschen und Bäumen ringsum.

Nazca wirkt verschlafen, als wäre jeder Tag ein Sonntag

Noch mitgenommen von der anstrengenden Busfahrt und der Ankunft in der staubigen, kleinen Wüstenstadt, können wir nicht glauben, daß dieser Ort Wirklichkeit ist. Es scheint kein Hotel zu sein, eher die paradiesische Sommerresidenz eines Fürsten.

Später, beim Abendessen, sitzen wir im Freien unter Arkaden. Die Luft ist lauwarm, samtig, die Beleuchtung dezent, und am Nachthimmel sind die Sterne zu sehen.

Zwei weißhaarige Frauen sitzen an einem runden Tisch, nicht weit von uns entfernt. Immer wieder blicke ich zu ihnen hinüber. Das könnten die Schwestern Maria und Renate Reiche sein. Als wir unser Filmprojekt vorbereiteten, schrieben wir an Frau Reiche und baten um ihr Einverständnis für die Dreharbeiten. Geantwortet hat uns ihre Schwester Renate. Sie ist Ärztin und hat ihre Praxis in Deutschland aufgegeben, um Maria, die an Parkinson erkrankt und fast völlig erblindet ist, besser behandeln und pflegen zu können. In Anerkennung ihrer wissenschaftlichen Verdienste um die Erforschung der Wüstenzeichen erhielt sie glücklicherweise vom peruanischen Staat das Wohnrecht in diesem prächtigen Hotel auf Le-

15

Maria Reiche bewarb sich nach ihrem Studium als Hauslehrerin in Cuzco, der Hauptstadt des ehemaligen Inka-Reiches

benszeit zugesprochen. Endlich hat sie nach den jahrzehntelangen Entbehrungen, dem kargen Leben und der einsamen Arbeit in der Wüste einen Platz gefunden, wo sie komfortabel leben kann.

Obwohl wir unser Kommen angekündigt haben, fühle ich mich jetzt eigenartig gehemmt. Doch ich weiß aus Erfahrung: Je länger ich warte, um so schwerer fällt es mir, meine Scheu zu überwinden. Also vergewissere ich mich bei einem Kellner, ob die beiden Señoras tatsächlich *las hermanas*, die Schwestern Reiche, sind, und gehe geradewegs auf sie zu. Ich stelle mich vor. Renate Reiche unterbricht mich burschikos und herzlich: »Na, da sind Sie ja endlich! Wir warten doch schon so lange auf Sie! Haben Sie Herrn Jacob auch dabei? Rufen Sie ihn her, damit wir gleich einen Plan für Ihren Film machen können.«

Renate Reiche ist über achtzig Jahre alt, aber sie strahlt immer noch jugendliche, ungebremste Tatkraft aus.

Maria Reiche hat noch nichts gesagt. Sie sieht mich unverwandt an, und obwohl ich weiß, daß sie fast blind ist, fühle ich mich von ihr beobachtet. Sie hat ein schönes, schmales Gesicht, in das die Wüstensonne und der trockene Wind tiefe Spuren geprägt haben. Die sonnengegerbte Haut kontrastiert mit dem silberweißen Haar. Ihr Blick hinter der dicken Hornbrille wirkt auf mich sehr zielbewußt. Ich höre nur wie von fern das Gespräch zwischen Renate und Jacob, denn in meiner Vorstellung versetze ich mich zurück in die Zeit, als Maria zum ersten Mal nach Peru kam.

Es war 1932. Damals, mit 29 Jahren, fuhr sie mit dem Schiff von Europa nach Südamerika. In meiner Phantasie sehe ich eine schlanke Frau. Sie steht allein an Deck. Der Wind zerzaust ihre kurzen, blonden Haare. Sie trägt ein helles Kleid und flache Leinenschuhe. Da ist kein weibliches Bemühen zu bemerken, ihre äußere Erscheinung künstlich zu verschönern. Diese junge Frau verschwendet ihre Gedanken nicht eitel an die Mode. Für sie müssen Kleidung und Frisur vor allem praktisch sein und dürfen nicht stören. Ihre Schönheit zeigt sich erst bei genauerem Hinsehen. Das Besondere an ihr sind die Augen. Der Blick ist forschend und neugierig, entschlossen herauszufinden, was sich hinter den Dingen verbirgt. Niemals wird sich diese Frau mit dem vordergründig Sichtbaren zufriedengeben. Immer wird sie Fragen stellen und Antworten suchen. Sie will der Enge eines normalen Lebens entfliehen und hat den Wunsch, fremde Länder und Menschen kennenzulernen. Diese Neugier, diese unbezähmbare Sehnsucht nach der Ferne, wie gut kann ich sie verstehen. Auch mein Leben ist von dieser Sehnsucht bestimmt. Es gibt ein geheimes Einverständnis zwischen uns, obwohl wir noch gar nicht miteinander gesprochen haben.

»Nun braucht meine Schwester aber Ruhe!« sagt Renate energisch. »Also dann, bis morgen.«

Maria reicht mir ihre schmale Hand und sagt mit leiser Stimme: »Sie müssen fliegen und sich die Linien und Figuren von oben ansehen.«

2 Flug über die Wüste

Der Flugplatz am Ortsrand von Nazca besteht nur aus einer Schotterpiste und wenigen Baracken. Es sind kleine, zerbrechliche Maschinen, die von hier zu Besichtigungsflügen über die Linien starten.

»Die beste Sicht haben Sie gleich nach Sonnenaufgang«, meinte Maria Reiche gestern abend noch.

Interessiert schauen wir uns auf dem Flughafengelände um. Neben der Piste entdecken wir einige Wracks von abgestürzten Flugzeugen. Zweifel an der Zuverlässigkeit der Maschinen oder Piloten können wir uns jetzt nicht mehr leisten, denn wir wollen ja beginnen, hier unseren Film zu drehen.

Auf dem verschlafenen Platz entsteht plötzlich Bewegung. Mechaniker klettern auf ein Flugzeug wie auf den Rücken einer Riesenlibelle. Auf der Tragfläche stellen sie Kanister ab, von denen sie mit einem Schlauch Treibstoff in den Tank umfüllen. In aller Ruhe überquert eine Kuhherde die Flugpiste, angeführt von zwei Jungen, die zusammen auf einem Esel reiten.

Der Tank ist voll, und der überlaufende Treibstoff verdunstet schnell an der trockenen Luft. Zwei Männer drehen kraftvoll den Propeller gegen den Uhrzeigersinn, aber der Motor will nicht anspringen. Er tuckert nur ein paarmal und bleibt sogleich wieder stehen. Nun wird eine Ersatzbatterie geholt und mit der im Flugzeug überbrückt. Es klappt. Der Motor springt mit ohrenbetäubendem Lärm an. Ich überrede den Piloten, die rechte Tür des Flugzeuges auszuhängen, damit wir ohne Hindernis nach draußen filmen können. Er ist sehr verständnisvoll und läßt noch den Vordersitz herausschrauben, damit der Kameramann volle Bewegungsfreiheit hat. Für Jacob aber gibt es keine Sicherung mehr, keinen Gurt, keine Halterung. Er hockt direkt auf dem Boden der Maschine, mit dem Rücken zur Flugrichtung, und klemmt seinen Körper irgendwie in die enge Pilotenkanzel. Ich bin auf dem hinteren Sitz festgeschnallt und habe wegen der fehlenden Tür ein offenes Blickfeld.

Das Flugzeug rast unvermittelt los. Der Motor dröhnt, heult auf. Der Räder fetzen über den Kiesboden. Die Maschine hebt ab. Hinter uns weht eine dichte Staubwolke. Der Pilot zieht die Maschine steil nach oben, und schon sehe ich das Flugfeld klein unter uns liegen. Wir fliegen einen kurzen Bogen und befinden uns mitten über der Wüste in etwa 500 Meter Höhe. Ich sehe als erstes ausgetrocknete Flußläufe. Sie heben sich hell gegen den braunen Wüstenboden ab. Die Maschine ist so laut, daß wir uns nur durch Zeichensprache verständigen können. Ungehindert bläst der Wind in die offene Kabine und dringt schnell durch unsere Kleidung bis auf die Haut.

Da sehe ich die erste Linie! Schnurgerade, wie mit einem Lineal gezogen, zeichnet sie sich hell von der Umgebung ab.

Da! Noch mehr, viele! Ein Netz von breiten und schmalen, sich kreuzenden Strichen, rechteckigen Flächen, Trapezen und Pfeilen. Sie sind sehr exakt gezeichnet, mit Umrissen, die scharf und gerade sind. Es sieht aus, als wären sie von einer Riesenhand eingraviert. Ich entdecke einige Linien, die sogar über Berge hinwegführen, schnurgerade, als gäbe es da kein Hindernis. Andere enden an einem tiefeingefrästen, trockenen Cañon, aber auf der anderen Seite, exakt gegenüber, setzt sich die Linie fort. Da sind Pfeile, Riesenpfeile, deren gleichmäßige dreieckige Spitzen in eine Richtung zeigen. Selbst aus der großen Höhe kann ich nicht erkennen, worauf sie hinweisen sollen. Wer wollte da wem Signale geben? Für wen wurden diese Zeichen geschaffen, die nur aus der Luft zu sehen sind? Ich bin wie elektrisiert von diesen Fragen. Da sitze ich in einem Flugzeug und schaue hinunter auf die Erde und blicke auf ein Geheimnis aus der Vergangenheit, ein Rätsel, das Jahrtausende alt ist. Es ist, als wäre da eine Botschaft, die es zu entschlüsseln gilt. Aber sosehr ich mich bemühe, einen Zusammenhang, ein System zu erkennen, es gelingt mir nicht. Ich sehe nur ein verwirrendes Netz sich kreuzender Zeichen. Mir fehlt der Schlüssel. Ich kann die Antwort nicht finden, wozu das Liniennetz geschaffen wurde. Aber schön ist es, seltsam und schön. Ich bewundere die planvolle Exaktheit, die Präzision der geraden Linien und die enormen Dimensionen. Es überschreitet menschliches Maß. Ich kenne nichts Vergleichbares.

Das Flugzeug schwankt und sackt abrupt viele Meter in die Tiefe. Mir wird wieder bewußt, wie ungeschützt wir ohne Türklappe sind. Jacob, der sich mit der Kamera weit hinausgelehnt hat, hört auf zu filmen. Er ruft mir etwas zu, aber ich verstehe ihn nicht wegen des Motorenlärms und des pfeifenden Flugwindes. Er zeigt auf die Filmkassette. Ach so, sie ist abgefilmt. Ich reiche ihm die vorbereitete Wechselkassette. Als ich wieder hinausschaue, sehe ich auf dem Wüstenboden die Umrisse eines großen Vogels. Deutlich kann ich alle Details erkennen: den langen Schnabel, die ausgebreiteten Flügel, den Fächerschwanz und die kräftigen, nach hinten gestreckten Beine mit je vier Krallen. Ich schätze die Zeichnung auf mindestens 100 Meter Länge. Da, eine zweite Figur! Eine Spinne. Wer sie entworfen und gezeichnet hat, muß Spinnen sehr genau gekannt

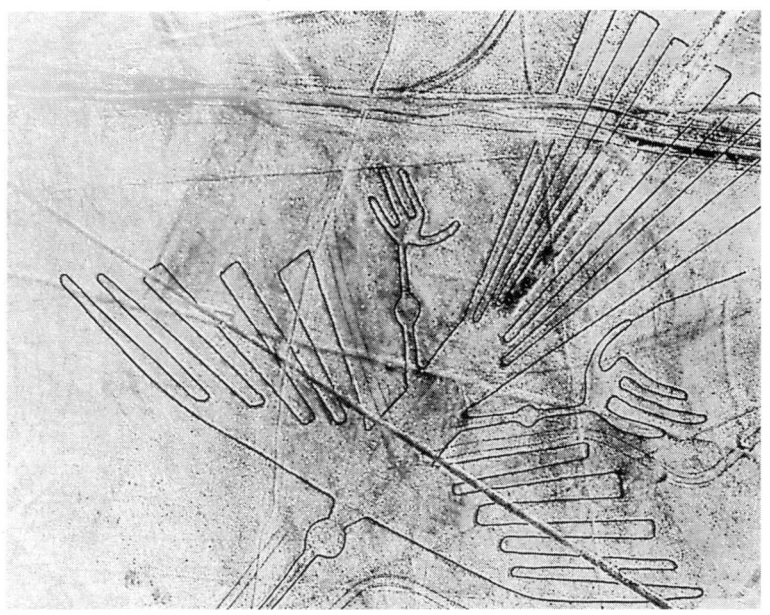

Nur vom Flugzeug aus ist die riesige Vogelfigur in ihrer Gesamtheit zu erkennen, sie mißt vom Schnabel bis zur Schwanzspitze über 100 Meter

haben, denn nicht nur der kugelförmige Leib mit der dünnen Verbindung zur Brust, auch die acht Beine und die Taster am Kopf sind vorhanden.

Immer wieder eingestreut zwischen die Linien sehe ich neue Figuren. Manche sind wirklichkeitsgetreu abgebildet, andere dagegen stilisiert. Da gibt es einen mehrere hundert Meter großen Riesenvogel mit einem Schnabel wie eine Kneifzange. Die Flügel sind nur durch längliche Vierecke angedeutet. Ein anderer Vogel hat einen spiralförmigen Hals mit acht Windungen und einen dünnen Schnabel, der ein Vielfaches seiner Körperlänge mißt.

Die häufigsten Figuren sind Vögel, aber auch Fische und Reptilien, Pflanzen und Spiralen sind dargestellt. Einige Zeichnungen sind kaum noch zu erkennen, andere sehen aus, als wären sie nicht fertiggestellt worden – wie zwei einsame Flügel ohne Körper. Mir

Jacob mit seiner Kamera in der offenen Flugzeugkanzel 500 Meter über den Wüstenzeichen

scheint, als hätte jemand die Wüste wie ein riesiges Zeichenpapier benützt.

Dann fliegen wir um eine Hügelkette, die aus der weiten Ebene kupferfarben herausragt. Der Pilot steuert die Maschine tiefer. Halt! möchte ich rufen. Dort! Die Figur am Berghang – gleicht sie nicht einem Menschen? Von ihr geht etwas Drohendes aus. Sie hat einen kugelförmigen, eulenartigen Kopf und große, kreisrunde Augen. Der rechte Arm ist emporgestreckt, als wollte er zum Himmel zeigen, der linke Arm weist zur Erde. Aus der Mundöffnung hängt ein schlauchartiges Gebilde, die Füße stecken in klumpigem Schuhwerk.

Kaum anzunehmen, daß frühere Bewohner der Flußtäler einmal so ausgesehen haben. Vielleicht ist es die Darstellung eines Dämons, einer Fantasiegestalt? Mit diesem Bild wird für mich alles nur noch geheimnisvoller.

Der Pilot zieht eine Schleife und fliegt zurück. Erstaunlich weich landet das Flugzeug auf der Schotterpiste. Wir sind ausgekühlt vom Wind und betäubt vom Lärm. Aber was für ein Erlebnis!

Wir bitten den Piloten, vor der Kamera seine Ansichten über das Rätsel von Nazca zu sagen. Gern ist er dazu bereit. Ich schalte das Tonbandgerät ein, das uns Renate Reiche spontan geliehen hat, als sie von unserem Pech mit dem Diebstahl erfuhr.

»Ton ab!« sage ich.

Jacob antwortet: »Kamera läuft!«

Orlando Pessina, der Pilot, holt sehr weit aus. Er berichtet, wie lange er schon fliegt und wie viele Flüge er täglich absolviert. Dann sagt er endlich seine Meinung zu den Wüstenzeichen: »Ich glaube, daß die Pampa in der Vergangenheit ein strategischer Ort für Außerirdische war. Sie kamen von einem anderen Planeten und landeten hier. Und sie haben den Platz so belassen, um in Zukunft wieder zurückkehren zu können.«

Seine Kollegen, die sich neugierig um uns versammelt haben, widersprechen ihm. Alle reden lautstark durcheinander: »So ein Quatsch! Ein Raumschiff braucht doch keine Landebahnen! Und Tierfiguren erst recht nicht!«

»Vor 2000 Jahren lebten hier schon Menschen, die haben das gemacht.«

»Ich glaube, früher war hier ein Urwald mit Blumen und Tieren. Sogar Affen haben sie gezeichnet, die es doch nur im Urwald gibt!«

»Ach, das stimmt doch alles nicht! Richtig ist, was Señora Reiche sagt. Es war ein astronomischer Kalender, um die Zeiten für Aussaat und Ernte vorherzusagen und die Sonnenwenden zu bestimmen.«

3 Das Rätsel von Nazca

Jahrhundertelang blieben die Zeichen in der Wüste nahezu unentdeckt. Die ursprüngliche Bevölkerung war von dem spanischen Eroberer Pizarro und seinen Gefolgsleuten getötet worden oder an eingeschleppten Krankheiten gestorben. Niemand überlebte, der die Kenntnisse hätte weitergeben können. Erst später wurden die entvölkerten Küstengebiete von Indianern aus dem Andenhochland wieder besiedelt. Aber sie gehörten Stämmen mit anderen Bräuchen und Überlieferungen an; sie wußten nichts von den Zeichen in der Wüste. Diese Menschen fanden ihr Auskommen in den fruchtbaren Flußoasen und hatten wenig Grund, zur Steinwüste hinaufzusteigen. Nur manchmal benutzten sie eine der Linien als Pfad, um von einem Tal zum anderen zu gelangen. Sie sahen in diesen Wegen »Inkastraßen«.

Im Jahr 1926 kamen zwei Archäologen in dieses Gebiet, der Amerikaner Alfred Kroeber und der Peruaner Toribio Mejia Xesspe. Sie suchten am Rand der Täler nach Gräbern der Nazca-Kultur. Während einer ihrer Exkursionen bestiegen sie einen kupferfarbenen Hügel. Von oben sahen sie Linien. Sie wunderten sich über deren geraden Verlauf und über die große Anzahl. Es schienen keine Wege zu sein, denn sie führten nirgendwohin. Eine eigenartige Erscheinung, für die sie keine Erklärung fanden. Sie dachten aber nicht weiter darüber nach, denn ihre Aufmerksamkeit war von den Ausgrabungen in Anspruch genommen und von den ungewöhnlichen unterirdischen Wasserkanälen, die sie in den Tälern entdeckt hatten.

Als 1930 erstmals Flugzeuge in Peru eingesetzt wurden, führte eine der neuen Fluglinien direkt über die Pampa von Nazca. Die Piloten sahen, daß die Wüste bedeckt war mit geometrischen Darstellungen. Als hätte jemand den eintönigen Untergrund verzieren wollen, waren da Muster von großer Klarheit und Schönheit. Die Piloten berichteten von ihren Entdeckungen, und allmählich begannen sich Wissenschaftler für das Phänomen zu interessieren. Schließlich setzte sich die Meinung durch, es müßten alte Bewässerungsanlagen sein. Der amerikanische Wissenschaftler Paul Kosok von der Long Island University in New York erfuhr davon und kam im Jahr 1941 nach Peru. Er reiste bis in die Nähe der Ortschaft Palpa und ging dann zu Fuß hinauf in die Pampa. Bald fand er eine Linie. Sie war fünfzehn Zentimeter tiefer als die Umgebung und war frei von Steinen. Nur Kiesel von der Größe eines Maiskornes bedeckten die Oberfläche. Es sah aus, als hätte jemand alle größeren Steine an den Rand geschoben. Paul Kosok nahm an, es sei eine alte Straße.

Sie führte in perfekter Geradlinigkeit zu einem etwa vier Kilometer entfernten rotbraunen Hügel. Der Wissenschaftler folgte dem Weg. Die Sonne brannte herab. Nach einer Stunde war er endlich am Hügel angelangt und stieg hundert Meter hoch bis zum Gipfel. Von oben sah er, daß er im Zentrum strahlenförmig verlaufender Linien stand. Einige waren schmal, andere mehrere Meter breit. Weiter entfernt sah er eine große trapezförmige Fläche. Ihm wurde klar, daß es sich weder um Straßen noch um Bewässerungsanlagen handeln konnte. Aber was war es dann? Lange stand er auf der Anhöhe, blickte über die weite Ebene mit ihrem Linienmuster und grübelte. Die Sonne senkte sich schon zum Horizont, und er mußte sich beeilen, um nicht in der Dunkelheit zurückgehen zu müssen. Da sah er beim Abstieg, daß eine der langen Linien geradewegs auf die untergehende Sonne deutete. Kosok blieb abrupt stehen und verfolgte das Schauspiel. Ja, es stimmte, über die Linie ließ sich der rotglühende Sonnenball genau anvisieren. Der vielseitig interessierte Wissenschaftler hatte sich nicht nur auf alte Bewässerungsanlagen spezialisiert, er beschäftigte sich auch mit der Astronomie früher südamerikanischer Kulturen. Er wußte, daß die Inka die Sonne mit einem Stein anpeilten, den sie *intihuatana* nannten, die Sonnenfessel. Es waren Steinzapfen, deren Schattenwurf Aufschluß gab über den jahreszeitlichen Verlauf der Sonne.

Dunkelheit breitete sich aus über der Wüste. Aber auf der geraden Linie fand Kosok problemlos zurück. In seinem Kopf formte sich eine Theorie: Im Jahreswechsel verschieben sich die Auf- und Untergangspunkte der Sonne fortwährend. Mit Hilfe der Linien könnten diese unterschiedlichen Punkte markiert worden sein. Wenn nun die Linien zu bestimmten wichtigen Zeitpunkten angelegt worden wären, zum Beispiel bei Aussaat und Ernte, hätte in den darauffolgenden Jahren jeweils wieder das richtige Datum hierfür bestimmt werden können.

Kosok war von seiner Idee begeistert und glaubte, die Lösung gefunden zu haben. Bei seiner Rückkehr berichtete der Amerikaner enthusiastisch von seiner Entdeckung. Er verkündete: In der Pampa von Nazca befinde sich der größte astronomische Kalender der Welt. Doch als Wissenschaftler wußte er, daß diese Hypothese bewiesen werden mußte. Eine einzige zufällige Beobachtung war nicht genug.

Während seines Aufenthalts in Lima hatte er Maria Reiche kennengelernt. Sie hatte einige seiner Schriften aus dem Englischen ins Spanische übersetzt. Die Deutsche lebte damals schon seit neun Jahren in Peru und interessierte sich außer für Mathematik auch für Astronomie und Archäologie. Kosok selbst war mit anderen Aufgaben beschäftigt, und er dachte, sie sei am besten geeignet, für seine Theorie nach wissenschaftlichen Beweisen zu suchen. Maria war fasziniert und sofort bereit, den Auftrag zu übernehmen. Das war genau das, was sie interessierte, eine Aufgabe, auf die sie ihr halbes Leben gewartet hatte: Berechnungen, Messungen, Geometrie, Zeit-Kalender-Darstellungen, Astronomie – und das alles verbunden mit der Existenz einer frühen peruanischen Kultur.

Ein halbes Jahr später fuhr Maria nach Nazca. Sie sollte Linien finden, die am 21. Dezember – dem Datum der Sommersonnenwende auf der Südhalbkugel – den Untergangspunkt der Sonne am Horizont markieren. Es ist bekannt, daß die Winter- und die Sommersonnenwende bei den alten Kulturen von besonderer Wichtigkeit waren.

Es ist noch früh am Vormittag, denn gleich nach unserem Flug bin ich losgegangen, um Nazca zu erkunden. Ich schlendere durch fast leere Straßen, vorbei an flach gedeckten kleinen Häusern von eintöniger Einfachheit. Es ist staubig, trocken und heiß. Ein Mann schiebt seine Schubkarre an mir vorbei und betätigt unentwegt eine Fahrradklingel, ein anderer überquert die Straße mit einem Bündel Besen auf der Schulter. Ein paar Kinder spielen mit Murmeln am Straßenrand im Staub.

Im Zentrum treffe ich auf den einzigen grünen Fleck der Ortschaft. Die lichten Bäume und einige zerzauste Palmen gehören zu einem kleinen Park neben der Kirche.

Noch immer bin ich gefangen von den Bildern, die ich beim Flug sah. Ich habe viele Fragen und bin gespannt auf das Interview mit Maria Reiche, das für den Nachmittag geplant ist. Ob sie meine Fragen beantworten kann?

Indianerinnen tragen ihre Kinder auf dem Rücken, festgebunden mit Tüchern

Maria Reiche fand zwar Sonnenwendlinien, aber da sind soviel mehr Linien, die weder die Position der Sonne markieren noch die eines anderen Fixsterns oder Planeten. Gänzlich verwirrend wird es, wenn man weiß, daß der Sternenhimmel in der Vergangenheit ganz anders ausgesehen hat. Es ist zwar möglich, die damalige Stellung der Himmelskörper rechnerisch zu ermitteln, doch man müßte zuallererst den Zeitpunkt bestimmen oder kennen, von dem die Berechnung ausgehen soll. Das ist bis heute nicht gelungen, niemand kann sagen, wie alt die Zeichen in der Wüste wirklich sind. Archäologen gehen davon aus, daß sie vor etwa 2000 Jahren geschaffen wurden, denn sie fanden im Gebiet der Bodenzeichen Scherben und Krüge, bemalt mit den gleichen Motiven wie Gefäße aus den Gräbern der Nazca-Kultur (300 v. Chr. bis 600 n. Chr.). Die Gefäße sind jedoch kein eindeutiger Beweis. Man kann zwar ihr Alter mit der Radiokarbon-Methode bestimmen – aber könnten sie nicht auch später auf die Pampa gelangt sein, zu einem Zeitpunkt, als die Linien schon längst existierten?

Die Schöpfer der Wüstenzeichen benutzten die Pampa wie ein riesiges Zeichenpapier

Wenn die Linien tatsächlich dem Anvisieren von Himmelskörpern dienten, warum sind sie dann unterschiedlich breit, manche nur fußbreit, andere wieder einhundert Meter? Und welchen Zweck hatten die geometrischen Figuren, die Dreiecke, Trapeze, Vierecke, die Pfeile und Spiralen, und die Tierfiguren? Was soll das Wesen mit den Eulenaugen bedeuten? Ob Maria Reiche die Antworten kennt?

Am meisten verwundert mich das Durcheinander der Linien. Da ist für mich kein System zu erkennen. Sie führen kreuz und quer, überschneiden sich, gehen ineinander und übereinander. Diese scheinbare Unordnung steht im krassen Gegensatz zur Exaktheit der Ausführung. Korrekt wie mit einem Lineal auf einem Reißbrett sind die Linien ausgerichtet. Chaos und Perfektion, wie paßt das zusammen? Als hätte ein verrückt gewordener Zeichner seine Spuren hinterlassen.

Wegen dieses Widerspruchs zwischen der vollkommenen Darstellung und der scheinbaren Zufälligkeit der Anordnung gibt es viel Raum für Spekulationen. Aus diesem Grund sind die Linien von Nazca zum Spielfeld für Fantasten geworden. Nur wenige Wissenschaftler haben sich an die Lösung der Aufgabe gewagt. Denn wissenschaftliche Methoden sind kaum geeignet, das Rätsel von Nazca aufzuklären. Wissenschaft funktioniert nur auf der Grundlage exakter Daten, die nachweisbar, wiederholbar und statistisch abgesichert sind.

Gerald S. Hawkins, Professor für Astronomie am Smithsonian Astrophysical Observatory in Cambridge, Massachusetts, versuchte trotzdem, wissenschaftliche Methoden auf Nazca anzuwenden. Er reiste 1968 nach Peru, im Gepäck die modernsten Vermessungsgeräte. In einem Computer hatte er Positionen der wichtigsten Himmelskörper für mehrere Jahrtausende gespeichert. Nach langwierigen Vermessungsarbeiten und Computereingaben befragte er das Elektronenhirn: Welche Linien deuten auf Sterne, die im Zeitraum zwischen 5000 v. Chr. bis zu unserem Jahrhundert am Himmel zu sehen waren? Der Computer errechnete endlose Kolonnen von Zahlen. Er fand 39 Linien heraus, die auf Sterne hinwiesen, aber für die Mehrzahl ergab sich keine Übereinstimmung.

Bei der Vielzahl der Linien und Sterne ist es durchaus wahrscheinlich, daß einige davon miteinander übereinstimmen. Erst wenn der Prozentsatz dieser Korrelationen statistisch über der Wahrscheinlichkeit liegt, kann er wissenschaftlich als Beweis anerkannt werden.

Hawkins reiste daraufhin enttäuscht ab. Nazca war für ihn und für zahlreiche andere Wissenschaftler kein lohnendes Forschungsobjekt mehr.

Um so üppiger blühte die Fantasie von Leuten, die eben mal schnell nach Nazca kamen und den obligatorischen Flug absolvierten. Viele meinten, das Rätsel auf einen Schlag lösen zu können, ohne Beweisführung, ohne Überprüfungen. Die absurdesten Spekulationen wurden aufgestellt. Wie bei einem Wirtshauspalaver ignorierten diese Leute einfach Widersprüche und Ungereimtheiten. Dennoch hat mich immer wieder erstaunt, wie einfallsreich und skurril ihre Ideen oft waren: Da ist Alexander von Breunig, von Beruf Patentanwalt und begeisterter Sportler. Als er Nazca besuchte, war für ihn sofort klar: Das kann nur eine riesige Sportanlage für Wettkämpfe ähnlich den Olympischen Spielen gewesen sein. Und schon sah er in seiner Fantasie Läufer die Linien entlangspurten. Der Patentanwalt untersuchte einige Zeichen und fand schnell eine scheinbare Bestätigung: Die Außenränder der Kurven waren nämlich überhöht, ähnlich wie bei einer Aschenbahn, wo Läufer den Sand nach außen wegtreten.

Trotzdem – Alexander von Breunig hat unberücksichtigt gelassen, daß nur wenige Figuren und Linien breit genug für mehrere Läufer sind. Außerdem ist das Areal mit 500 Quadratkilometern Ausdehnung für Zuschauer viel zu groß und unübersichtlich. Die Randerhöhungen, die er feststellte, lassen sich viel einfacher erklären: Sie sind entstanden bei der Herstellung der Zeichen, als der helle Untergrund freigelegt und die obere, dunkle Schicht an den Rand geschoben wurde.

Am meisten hat mich die »Beschäftigungstherapie« amüsiert, die sich der amerikanische Anthropologe William H. Isbell ausdachte: Während der Trockenzeit, wenn die Arbeit auf den Feldern ruhte, hätten die Menschen nichts zu tun gehabt, sich gelangweilt und mit Streitereien begonnen. Deshalb hätten sich Priester und Stammesfürsten für ihre Untertanen die Arbeit auf der Pampa einfallen lassen.

So absurd eine Beschäftigungstherapie in der Wüste von Nazca auch sein mag, an anderen Orten der Erde und unter anderen Voraussetzungen wurde sie tatsächlich praktiziert. Ein Monument sinnloser Arbeit habe ich selbst gesehen – auf Galapagos. Dort mußten sich früher Gefangene am Berghang des Vulkans Sierra Negra abplagen, Steine herausbrechen und zu einer Mauer auftürmen. Die Aufseher machten sich dabei den Spaß, die Mauer immer wieder abbrechen und von neuem aufbauen zu lassen.

Nicht weniger absurd als die Beschäftigungstherapie ist die Vorstellung des Schweizers Henri Stierlein, der glaubte, in der Pampa wären riesige Tücher gewebt worden, und die Linien seien die verbliebenen Spuren gigantischer Webketten. Nun, man hat tatsächlich in Gräbern feine Gewebe gefunden mit Fäden von über 50 Kilometer Länge in einem Stück. Kaum vorstellbar, wie sie hergestellt werden konnten. Aber muß man deswegen ein Rätsel durch ein anderes erklären?

Unbewiesen ist auch die Idee des Wissenschaftlers Zoltan Zelko aus Ungarn. Für ihn diente das Liniennetz von Nazca der Entschlüsselung von Daten und Nachrichten aus Kultstätten vom 600 Kilometer entfernten Titicacasee. Als Sender der Lichtsignale sollen reflektierende Gold- und Silberplatten verwendet worden sein.

Die Tatsache, daß sich die Bodenzeichen nur aus der Luft vollständig erkennen lassen, regte den Abenteurer und Ballonfahrer Jim Woodman zu einem Experiment an – ganz nach seinem Geschmack. Auf dem Gelände einer alten Zeppelinhalle bei Miami in Florida gab er uns ein Interview. Er berichtete, daß er 1975 mit einem Heißluftballon über die Wüste von Nazca geflogen sei. Damit wollte er beweisen, daß auch die alten Peruaner schon fliegen und ihre Bodenbilder von oben betrachten konnten. Deshalb baute er seinen Ballon mit den Materialien und Werkzeugen der damaligen Zeit. Woodman verwendete Baumwollplanen, die nach Vorlagen der Grabtücher hergestellt worden waren. Die Gondel ließ er von Indianern am Titicacasee aus Totora-Binsen flechten. Dann verbrannte er Holz des Huarango-Baumes und leitete die heißen Gase durch einen Tunnel unter der Erde in das Innere des Ballons.

Endlich war es soweit. Am 21. November 1975 blähte sich die Ballonhaut auf. Die Halteleinen wurden gekappt. Jim Woodman und sein Copilot Julian Nott stiegen langsam auf und schwebten über die Wüste dahin. Na gut – beweist das aber, daß vor 2000 Jahren schon Menschen geflogen sind, um ihre Werke zu bewundern oder gar die Arbeit von oben zu überwachen?

Wie gut sich doch das Rätsel von Nazca als Projektionsfläche eignet! Jeder findet und sieht dort das, womit er sich als Wissenschaftler, Abenteurer, Sportler oder Hobby-Archäologe am liebsten beschäftigt.

Es ist schon fast Mittag, und ich müßte eigentlich ins Hotel zurückkehren. Aber noch genieße ich es, im Schatten auf der Bank neben der Kirche zu sitzen, die Menschen hier zu beobachten und nachzudenken.

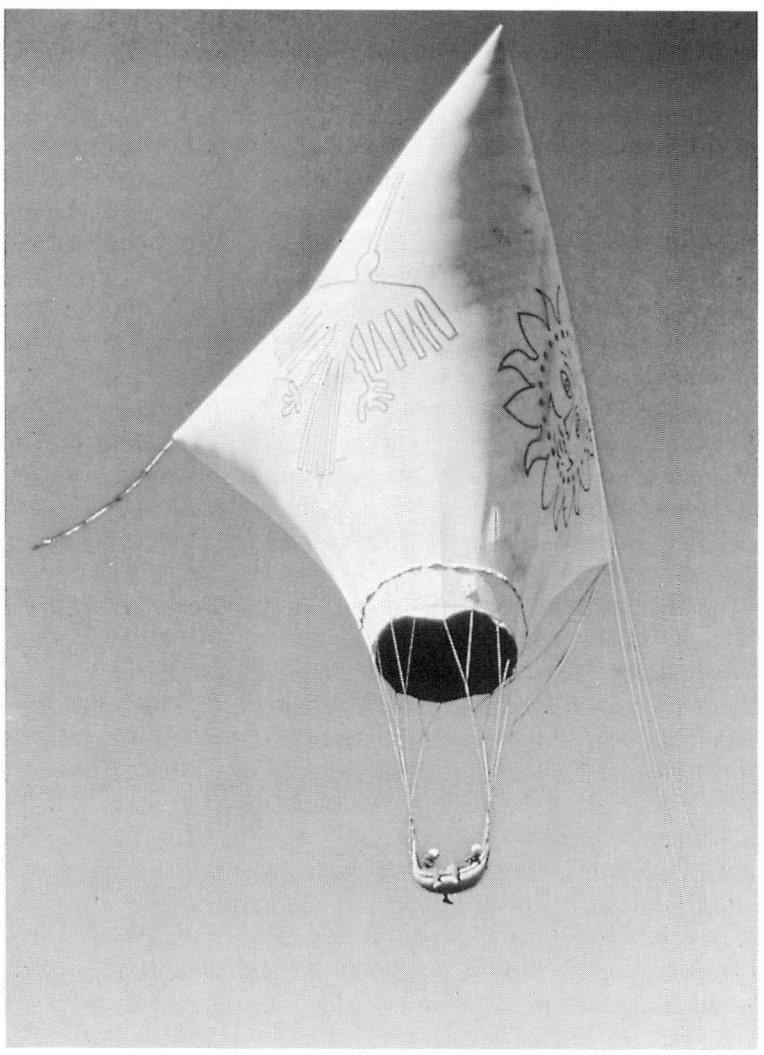

Jim Woodman und Copilot Julian Nott fliegen im Heißluftballon über die Wüste von Nazca

Bei unseren Recherchen zur Vorbereitung des Films haben wir alle Spuren und Hinweise verfolgt, die uns zugänglich waren. Nicht übersehen konnten wir die provokanten Äußerungen Erich von Dänikens. Er hat Nazca zum »Krondokument« ausersehen für seine Behauptung, einst seien Wesen von anderen Sternen auf der Erde gelandet. Die menschenleere Wüste habe sich als Landegebiet angeboten, und die breiten, kilometerlangen Rechtecke und Trapeze seien Landebahnen der Außerirdischen gewesen. Heute morgen, beim Überfliegen der Wüste, habe ich selbst gesehen, daß diese großen Flächen tatsächlich verblüffend Flugplätzen ähneln. Aber wozu dienten dann die unzähligen schmalen Linien? Und wieso brauchten Weltraumschiffe überhaupt Landebahnen?

Als wir Däniken in seiner Schweizer Wohnung interviewten, war allerdings nicht mehr von Landepisten die Rede, und auch die fremden Astronauten unterschlug er glatt, als wir seine Aussagen auf Tonband aufnahmen.

Durch die Lektüre seiner Bücher, in denen er meist eine herausfordernde und zynische, oft auch aggressive Sprache benützt, war ich auf einen ganz anderen Däniken gefaßt. Beim persönlichen Kontakt erwies er sich als liebenswürdig und entgegenkommend. Wohlwollend führte er uns in sein Heiligtum, das Archiv – einen Raum mit Schränken bis zur Decke, in denen, exakt geordnet und registriert, ein Schatz von Schriftstücken, Berichten, Notizen und Fotos lagert, der ungeklärte archäologische Rätsel und Seltsamkeiten auf unserer Erde beinhaltet. Großzügig gewährte er uns Einblick in Dokumente und Bildmaterial. Er erzählte begeistert von seinen Reisen in alle Teile der Welt, berichtete von neuen Entdeckungen und unschlagbaren Beweisen für seine Theorien.

Statt aufgeblasen und eitel, wie ihn manche seiner Gegner beschreiben, fand ich einen offenherzigen und humorvollen Menschen, der passioniert und enthusiastisch für seine Ideen ficht. Ich war beeindruckt von seiner Leidenschaft, mit der er voneinander unabhängige Erscheinungen, Ereignisse und Kuriositäten sammelt, miteinander verbindet und alles in einer einzigen, für ihn gültigen Vorstellung enden läßt: der Existenz Außerirdischer und ihrer Landung auf unserem Planeten!

Von mir zu den Nazca-Linien befragt, sagte Erich von Däniken: »Klar doch! Selbstverständlich brauchen Astronauten keine Landebahnen! Die Außerirdischen umkreisten mit ihrem Raumschiff die Erde und schickten dann ein Zubringerschiff herab, eine Art Space Shuttle. Bei seiner Landung auf der Ebene von Nazca entstand eine trapezförmige Fläche. Das Trapez war dort am schmalsten, wo der Rückstrahl auf den Boden traf, und am breitesten, wo das Raumschiff schließlich aufsetzte. Mit Furcht und Staunen verfolgten die Erdenbewohner die Ankunft der ›Götter‹. Sie hatten einen feuerspeienden Gegenstand vom Himmel kommen sehen, dem menschenähnliche Wesen entstiegen. Sicher kam es zu Kontakten, und Geschenke wurden ausgetauscht. Konfrontiert mit der höheren Kultur der Fremdlinge, hielten die Eingeborenen sie für ›Götter‹. Eines Tages dröhnte es wieder ungeheuerlich, und mit einem Schweif aus Feuer erhob sich das ›göttliche Gefährt‹ in den Himmel. Dann kehrte wieder Ruhe ein, und vom ganzen Spuk war nichts geblieben als das Trapez auf dem Wüstenboden, von Steinen leergefegt. Die Menschen, die das Schauspiel beobachtet hatten, standen noch lange da. Dann gingen sie heim und hofften, die ›Götter‹ würden wiederkommen und neue, kostbare Geschenke mitbringen. Sie schauten zum Himmel und warteten von Tag zu Tag. Im nächsten Jahr nach der Ernte gingen sie wieder hinauf in die Wüste. Das Trapez war noch immer da. Vielleicht würden die ›Götter‹ eher kommen, wenn noch mehr Flächen und Linien da wären, hofften sie. Sie dachten, sie müßten den ›Göttern‹ zeigen, daß sie auf der Erde willkommen sind. So gingen die Indianer daran, immer neue Flächen freizulegen. Jahre gingen dahin, Generationen folgten aufeinander. Die Anlage der Wüstenbilder war zum Kult geworden, fest verwurzelt in den religiösen Vorstellungen der Menschen.« Däniken schaute mich spitzbübisch lächelnd an und sagte: »Wenn ich unrecht habe, soll man mir das Gegenteil beweisen – doch das ist bis jetzt noch niemandem gelungen.«

Däniken ging zur Regalwand, zog eine Schublade auf, räumte ein paar Papiere zur Seite und hatte schon gefunden, was er suchte: ein Foto von der Landung des ersten amerikanischen Space Shuttle in der kalifornischen Mojave-Wüste. »Übrigens – meine Gegner behaupten, Weltraumschiffe würden keine Landebahnen benötigen. Aber schauen Sie sich dieses Foto an. Da, sehen Sie, die NASA hat das Wüstengebiet mit kilometerlangen braunen Linien kreuz und quer, diagnonal und parallel durch Aufspritzen von Farbe markiert. Der Shuttle kam im Netz dieser Linien zum Stillstand. Später hab ich mich bei der NASA erkundigt – wozu die Linien? Und da hieß es, sie hätten diese Linien als optische Signale für die Astronauten aufgespritzt. Sie sollten also von weit oben schon sehen können, wo sie landen müßten. Und für mich selbst habe ich gedacht: Du meine Güte – wenn in einigen Jahrhunderten kluge Gelehrte über die kalifornische Mojave-Wüste stolpern und das Liniennetz begutachten, dann beginnt wohl die ganze Raterei wieder von vorne.«

Nun ja, es stimmt zwar, daß die längsten und größten Nazca-Linien noch aus 10 000 Meter Höhe sichtbar sind, aber das beweist nicht, daß sie für die Einweisung von Flugkörpern angelegt worden sind.

Wir bauten Kamera, Licht- und Tongeräte auf und besprachen mit Erich von Däniken die Filmaufnahme. Er sollte in einem kurzen Statement seine Ansicht über das Rätsel von Nazca darstellen. Natürlich erwarteten wir, er würde seine vorher bei der Unterhaltung geäußerte Ansicht zusammenfassen und über die außerirdischen Besucher sprechen.

Jacob stand hinter der Kamera. Ich hatte den Kopfhörer aufgesetzt, und dann hörte ich ihn fragen: »Warum haben eigentlich Menschen Zeichen in den Boden geritzt, die derart überproportioniert waren, daß sie sie selbst gar nicht erkennen konnten? Sie konnten ja nicht fliegen. Und da glaub' ich halt doch, sie haben diese Zeichen gemacht, weil sie der Meinung waren, irgendwer dort oben beobachtet sie, irgendein Gott oder Götter würden diese Zeichen begutachten, beurteilen.«

Das war's! Nichts folgte mehr. Jacob stellte die Kamera ab und ich das Tonbandgerät. Däniken grinste wie ein Lausbub. So ein Schlitzohr, so ein vorsichtiger Fuchs, dachte ich. Weil er ja nicht wissen kann, in welchem Zusammenhang wir seine Aussage in den Film einarbeiten werden, hat er sie so vieldeutig wie möglich gehalten.

Ich habe wohl zu lange auf der Bank gesessen. Inzwischen bin ich zum Objekt der Neugier für die männliche Jugend von Nazca geworden. Sich gegenseitig schubsend, rücken sie an. Die üblichen Fragen, woher ich sei und was ich hier mache. Es sind hübsche Jungen mit schwarz glänzenden Haaren, blitzenden Augen, brauner Haut. Ihre Physiognomie zeigt, daß sie indianische Vorfahren haben.

Es ist für sie selbstverständlich, daß ich an den Linien interessiert bin. Alle Ausländer kommen deswegen. Die Jungen überbieten sich gegenseitig, mich hinzuführen. Maria Reiche kennen sie natürlich, und auch Däniken. Haben sie selbst eine Lösung für das Rätsel von Nazca? Sie plappern die gängigen Behauptungen nach. Von einem aber erfahre ich etwas Wichtiges. Sein Vater sei Wächter einer Ausgrabungsstätte, der Pyramidenstadt Cahuachi, nur wenige Kilometer von hier entfernt. Ich schreibe mir seine Adresse auf und verspreche, an einem der nächsten Tage vorbeizukommen.

4 Die Schwester

»Leider, heute geht es nicht!« sagt Renate Reiche. »Das Interview mit Maria muß verschoben werden. Ich habe eine Umstellung in der Dosierung ihrer Medikamente vorgenommen, und da geht es meiner Schwester nicht so gut. Morgen kann es schon viel besser sein.«

»Wir würden auch mit Ihnen gerne ein Interview machen«, sagt Jacob. »Wenn Sie einverstanden sind, könnten wir gleich beginnen.«

»Ich?« fragt Renate Reiche überrascht. »Was wollen Sie denn von mir hören?«

Jacob bittet sie, von ihrer Kindheit zu erzählen. Ich schalte das Tonbandgerät ein.

»Ach, wo soll ich denn da anfangen?«

»Einfach mit Ihrer frühesten Erinnerung«, schlage ich vor.

»Über die frühen Jahre in Dresden weiß ich gar nicht viel. Ach ja – wenn wir Pilze gesammelt haben, dann hat meine Schwester immer Tiere gesucht. Jedesmal fing sie etwas: Eidechsen, Kröten und Kä-

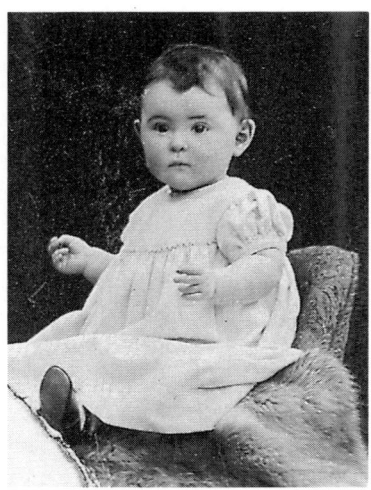 

Maria Reiche wurde am 15. Mai 1903 in Dresden geboren

Elli Reiche mit ihren zwei Töchtern, der vierjährigen Maria und der einjährigen Renate

fer, einmal sogar eine Schlange. Sie behauptete felsenfest, es sei eine ungiftige, aber wir haben ihr das nicht so recht geglaubt.«

Ich bin verblüfft, die Anekdote erinnert mich an meine eigene Kindheit.

Renate erzählt weiter: »Dann fiel unser Vater im Ersten Weltkrieg. Das war im Jahr 1916, als ich erst zehn Jahre alt war. Wie das war, als er nicht vom Krieg zurückkam, daran kann ich mich nicht mehr erinnern. Ich kann mich aber noch gut entsinnen, daß er immer sehr lustig war, ein richtig fröhlicher Mensch. Wir hatten viel Spaß mit ihm, wir Kinder. Er hat wild mit uns gespielt, einmal sind wir durch die ganze Wohnung gerannt und haben uns gejagt, da ist unser Vater plötzlich aus dem Fenster gesprungen, in den Garten. Ja, daran kann ich mich noch deutlich erinnern, wie er aus dem Fenster sprang!«

»Welche Erinnerungen haben Sie denn an Ihre Mutter?«

»Unsere Mutter war die erste Frau, die damals schon Fahrrad fuhr. Radfahren war noch etwas sehr Ungewöhnliches, keine Frau

36

außer ihr wagte es. Außerdem hat sie studiert, und zwar englische Literatur und Theologie an der Universität in Hamburg und später sogar in Oxford. Aber dann lernte sie unseren Vater kennen und verlobte sich schnell. Sie hätte nur noch ein halbes Jahr bis zum Staatsexamen gehabt. Ihre Familie war der Meinung, es sei jetzt wichtiger, die Aussteuer zu nähen, als ihr Studium fortzusetzen. Und da hörte sie eben auf, wie das damals so war.«

»Haben Sie sich eigentlich mit Ihrer Schwester gut verstanden?«

»Ja sicher! Meine Schwester ist zwar drei Jahre älter als ich, aber wir mochten uns immer. Manchmal habe ich mich ein bißchen über sie geärgert, aber das war nicht weiter schlimm. Maria las viel, und ich durfte die Hausarbeit machen. Ja, das war so, daran kann ich mich gut erinnern. Nachdem unser Vater tot war, mußte die Mutter arbeiten gehen. Da hätte ihr nun ein abgeschlossenes Studium viel genutzt. Trotzdem bekam sie eine Anstellung als Studienrätin. Sie war herzleidend, und wenn sie von ihrer anstrengenden Arbeit nach Hause kam, mußte sie sich erst einmal ausruhen. Deshalb führte ich den Haushalt und kümmerte mich um unseren jüngeren Bruder. Einmal habe ich zehn Pfund Kartoffeln geschält für eine einzige Mahlzeit. Die müssen wir alle aufgegessen haben. Ich kann mich jedenfalls nicht erinnern, daß etwas übriggeblieben ist. Nur den riesigen Berg ungeschälter Kartoffeln, den sehe ich heute noch genau vor mir.

Frühmorgens, vor der Schule, mußte ich die Öfen heizen. Das war furchtbar. Da gab es ein Kohlepulver, das man mit Wasser begießen mußte, und es war eine Kunst für sich, diesen Schlamm mit Hilfe von Holzspänen zu entzünden.

Eigentlich sollte ich das alles nicht erzählen, denn man stellt sich in ein solch komisches Licht, nicht wahr? Aber das muß ich noch sagen – Holz habe ich auch gehackt, nach der Schule im Keller.

Maria studierte an der Technischen Hochschule in Dresden Mathematik, Sport und Pädagogik«, erzählt Renate Reiche weiter. »Später ging sie an die Universität nach Hamburg. Von dort schrieb sie mir schöne Briefe, auch sehr poetische waren darunter, was man bei meiner Schwester gar nicht vermutet. Ich habe sie alle noch.«

»Sie selbst studierten Medizin?«

Die Schwestern Renate und Maria Reiche

»Ja, meine Mutter hat das Geld verdient, um Maria, mich und unseren jüngeren Bruder studieren zu lassen. Wie sie das gemacht hat, weiß ich nicht, aber sie hat es geschafft.

Schon mit neun Jahren wollte ich Ärztin werden. Damals war ich an einer sehr schweren Blinddarmentzündung erkrankt, mußte operiert werden und lag lange im Krankenhaus. Seitdem stand für mich fest – ich will Ärztin werden. Chirurgin! Aber auch Pianistin oder Sängerin hätte mir als Beruf gefallen. Ich habe sogar ernsthaft geübt und Stunden genommen. Vielleicht wäre ich sogar eine gute Sängerin geworden, aber da starb mein Lehrer, und ich brach meine Ausbildung ab. Ich besann mich wieder auf meinen früheren Berufswunsch. Noch immer hätte ich mich gern auf Chirurgie spezialisiert, und ich hatte auch die Begabung dafür, bestimmt sowohl manuell als auch charakterlich. Doch inzwischen waren die Nazis an die Macht gekommen. Die waren ja zunächst sehr gegen die Berufstätigkeit der Frauen. Da sagte ich mir, das Höchste, was ich erreichen kann, ist, ein Leben lang als Oberärztin zu arbeiten. Dazu war ich aber zu unabhängig und zu selbständig, es hätte mir nicht gefallen, immer den Chefarzt über mir zu haben. Deshalb habe ich mir dann meine eigene Praxis aufgebaut.«

»Ihre Schwester war inzwischen nach Peru gegangen. Wissen Sie, wie es dazu kam?«

»Ja, sie entdeckte zufällig in einer Wochenzeitschrift das Inserat eines Geschäftsmannes aus Cuzco, eines Brauereibesitzers und Deutschen Konsuls. Das war wirklich ein Zufall, denn normalerweise las sie diese Zeitschrift gar nicht.

Dieser Konsul, Tabel hieß er, suchte für seine zwei Kinder eine deutsche Erzieherin, und Maria hatte schon lange den Wunsch, eine Stellung im Ausland anzunehmen. Aber daß sie gerade diese Anzeige fand... Maria meinte später, es sei Fügung gewesen, denn Cuzco war der erste Schritt auf dem Weg zu ihrer Lebensaufgabe. Zuerst machte sie sich nicht viel Hoffnung auf eine Zusage. Um so überraschter war sie, als die Antwort kam und sie nach Südamerika eingeladen wurde. Stellen Sie sich vor, unter 80 Bewerberinnen hatte man sie ausgewählt!

Diese Reise wurde für meine Schwester der Beginn eines neuen Lebens, eines Lebens, wie sie es sich erträumt hatte. Sie hat mir einmal gesagt, sie wolle nicht so leben wie unsere Mutter, die wegen der Familie auf ihre eigene Ausbildung verzichten mußte. Maria war immer begierig, sich weiterzubilden, Neues zu lernen.

Sie fuhr also mit einem zweijährigen Vertrag als Hauslehrerin nach Cuzco, in die Hauptstadt des ehemaligen Inkareiches, hoch in den Anden. Ihre Briefe zeigten uns, wie begeistert sie war. Sie, die sonst ihre Gefühle immer sehr unter Kontrolle hielt, schilderte uns enthusiastisch in farbigen Bildern die Schiffsreise über den Atlantik. Ich kann mich gut an einen Brief erinnern, da beschreibt sie einen Regenbogen, der sich über die südamerikanische Küste wölbt und sie willkommen heißt. Die Beschreibung war sehr lyrisch, ganz ungewöhnlich für sie.«

»Wann reiste sie nach Cuzco?«

»Im Jahr 1932. Maria war damals 29 Jahre alt.«

»Und wie gefiel ihr denn die Arbeit beim Konsul?«

»Nun, sie wurde sehr herzlich empfangen. Mit den Kindern verstand sie sich blendend, die liebten ihre Erzieherin aus Deutschland. Die Frau des Konsuls Tabel war Peruanerin und hatte sich wohl von Maria anderes erhofft. Meine Schwester schrieb: Frau Tabel ist enttäuscht von mir, denn ich teile nicht ihre Interessen für Kleidung und Mode, statt dessen bin ich fasziniert von der Kultur der Indianer.

Maria nützte jede Gelegenheit, um deren Kultur zu studieren. An ihren freien Tagen machte sie lange Wanderungen in die Berge und zu den Dörfern der Indianer. Sie teilte mir begeistert ihre Erlebnisse und Beobachtungen mit. Ich kenne meine Schwester, wenn sie von einer Sache fasziniert ist, möchte sie sich mit Haut und Haaren hineinstürzen. Trotzdem bin ich mir ganz sicher, daß sie ihre Aufgabe als Erzieherin der Kinder nicht vernachlässigt hat, dazu ist Maria viel zu gewissenhaft. Ich glaube, Marias Erziehungsmethoden waren den Tabels einfach zu modern. Sie versuchte nämlich, die Kinder zu selbstbewußten, unabhängigen Persönlichkeiten zu erziehen. Jedenfalls verlängerten sie Marias Vertrag nicht. Ich glaube, es wurde auch nie offen über alles gesprochen.«

»Kehrte Maria dann wieder nach Deutschland zurück?«

»Gott bewahre! Da kennen Sie meine Schwester schlecht. Sie fuhr nach Lima und blieb einfach dort.«

»Wovon lebte sie in Lima?«

»Ach, sie nahm jede Arbeit an, die sich ihr bot. Sie unterrichtete Deutsch und Englisch, machte Übersetzungen, gab Gymnastikstunden, ja, sie massierte sogar. Einmal bat sie mich, ich möge ihr ein spezielles Massageöl schicken. Sie müsse dicke Frauen massieren, die abnehmen wollten. Geld hat sie nie viel gehabt. Maria bewohnte ein Turmzimmer im Haus einer befreundeten Familie in einem Außenviertel Limas, an der Küste. Maria hat sich dort wie ein Vogel gefühlt, zwischen Himmel und Meer, sogar die Wände ihres Zimmers hatte sie deshalb blau gestrichen. Heimweh muß sie wohl überhaupt keines gehabt haben. Sie schrieb nur immer voller Eifer, was sie alles lernt, wie sie sich weiterbildet, womit sie sich beschäftigt, vom Schwimmen im Pazifik – das können Sie heute dort nicht mehr, ist ja inzwischen alles viel zu verschmutzt – und ihren weiten Wanderungen in die Umgebung von Lima.«

»Haben Sie Ihre Schwester beneidet?«

»Nein! Ich hatte doch meine Arbeit, die mir viel Freude gemacht hat und mich ausfüllte. Ich hatte Glück, bekam interessante Assistentenstellen an der Kinderklinik in Kiel und der Universitätsklinik in Halle, dann machte ich meine kinderfachärztliche Ausbildung und später noch den Facharzt für Innere Medizin. Dabei kam ich viel herum, war an der Inneren Abteilung in Duisburg und bei einem Landarzt in Königsfeld. Später war ich auf dem Land kriegsdienstverpflichtet, ging dann an das Robert-Bosch-Krankenhaus nach Stuttgart, machte dort das homöopathische Staatsexamen, war Oberärztin. Schließlich, 1946, eröffnete ich meine erste eigene Praxis. Ich hatte also genug zu tun. Besucht hätte ich sie gerne, das habe ich dann später auch getan. Ich fand es schön, daß Maria in Peru ihren Platz gefunden hatte und sich wohl fühlte. Warum sollte sie nicht dort leben? Nur unsere Mutter war besorgt. Sie meinte, Maria tue in Lima nichts Richtiges, verplempere sozusagen ihre Zeit. Sie war enttäuscht, weil Maria nichts aus sich mache. Diesen Vorwürfen begegnete Maria mit einem fast prophetischen Brief, denn er nimmt vorweg, was dann später auch eintrat. Ich habe ihn schon einmal herausgesucht. Er liegt hier in der Mappe. Da ist er, soll ich ihn vorlesen?«

»Ja, gerne.«

»Meine liebe Mutter, vielen Dank für Deinen Brief vom 4. März. Du schreibst darin von den großen Erwartungen, die man in meiner Jugend in mich gesetzt hat. Im Vergleich dazu bin ich ein Fehlschlag, und die Welt hat ein Recht, mehr von mir zu erwarten, als ich tatsächlich leiste. Aber Du hast recht. Erst muß man mit sich im reinen sein, ehe man etwas für die Welt sein kann. Und dieser Prozeß dauert, wie alles bei mir, länger als bei anderen. Glücklicherweise hat mir das Schicksal bis jetzt ein so ruhiges und ungestörtes Leben gegeben, in dem ich die Muße fand zu immer weiterer Selbstausbildung, dazu, mein eigenes Zentrum zu finden. Von diesem Zentrum aus werde ich später den Ausgangspunkt finden, das zu tun, was ich der Welt schuldig bin. Erst jetzt fange ich an zu wissen, was ich eigentlich will, das heißt, auf einer höheren Ebene. Wie das, was sich in mir kristallisiert, auch äußere Formen gewinnt, weiß ich noch nicht. Vielleicht werde ich noch jahrelang so weiterleben in völliger Unbekanntheit, Zurückgezogenheit und Bescheidenheit, bis mich das Schicksal für würdig befindet, mir die Aufgabe zu erteilen, für die es mich bestimmt hat, für die ich geboren bin.«

Renate Reiche legt den Brief wieder in die Mappe zurück und fragt: »Ist das nicht sehr merkwürdig? Würden Sie sagen, daß Sie sich auf eine große Aufgabe vorbereiten, von der Sie noch gar keine Ahnung haben? Wirklich seltsam, aber ein schöner Brief, nicht wahr?«

»Wie alt war denn Ihre Schwester, als sie ihn schrieb?«

»Sie war 32 Jahre alt. Ein Jahr später, 1936, besuchte sie uns in Deutschland. Sie blieb ein paar Monate. Ich kann mich nur erinnern, daß sie die meiste Zeit in Bibliotheken und Museen verbrachte. Dann fuhr sie nach London, besuchte auch dort Museen und, da sie meinte, ihr Englisch sei nicht brillant genug, auch einen Sprachkurs. Das Geld aber für den Bus und die Straßenbahn sparte sie und lief lieber kilometerweit zu Fuß. Typisch Maria, dachte ich damals. Viele Jahre später erfuhr ich, daß die Europareise ihre gesamten Ersparnisse aufgebraucht hatte und sie praktisch mittellos in Peru ankam. Das hinderte sie nicht – wieder typisch Maria –, unbekümmerte Briefe nach Hause zu schicken. Sie suchte sich neue Leute für ihren Sprachunterricht, aber die meisten hielten nicht lange durch. Außerdem begann in Europa der Zweite Weltkrieg, und in Peru wollte niemand mehr Deutsch lernen. Alles wurde teurer. Aber irgendwie hat sie es immer wieder geschafft zu überleben.

Während des ganzen Krieges haben wir nichts von Maria gehört. Briefe kamen da nicht mehr durch. Sie ist mir in dieser Zeit fremd geworden, sehr fern von mir, äußerlich und innerlich. Es war für alle eine schwere Zeit, und ich hatte mit mir selbst und meinem Leben genug zu tun. Ich habe kaum noch an sie gedacht, und wenn ihr etwas passiert wäre, es hätte mich damals nicht allzusehr getroffen, glaube ich.«

»Wann haben Sie zum ersten Mal von den Nazca-Linien gehört, und was hielten Sie davon?«

Elli Reiche war 79 Jahre alt, als sie ihre Tochter Maria in Peru besuchte. Sie hatten sich 17 Jahre lang nicht gesehen.

»Nach Kriegsende. Es kamen wieder Briefe, sogar zwei Pakete mit Lebensmitteln, obwohl sie ja selbst nicht viel hatte. Maria durfte als Deutsche während des Krieges Lima nicht verlassen. Sie war 1941 nur kurz in Nazca gewesen und konnte ihre Tätigkeit erst 1946 richtig beginnen. Nun schrieb sie uns natürlich über ihre Entdeckungen. Was ich darüber dachte? Nun ja, ich war skeptisch! Als Schwester ist man eben kritisch! Wirklich Anteil nahm ich erst, als meine Mutter von ihrem Besuch aus Lima zurückkam. Sie war damals schon 79 Jahre alt, aber sie wollte Maria unbedingt noch einmal in ihrem Leben sehen. Und da Maria nicht kommen konnte, fuhr eben unsere Mutter 1953 nach Peru, auf einem Schiff, dritter Klasse, denn so kurz nach dem Krieg bekamen Deutsche keine besseren Passagen. Nach der Rückkehr berichtete mir Mutter von den rätselhaften Zeichen in der Wüste. Sie war beeindruckt und glaubte nun an die Berufung ihrer Tochter. Durch ihre Erzählungen wurde auch meine Verbindung zu Maria wieder stärker. Von da an riß unser Kontakt nicht mehr ab, und alles, was meine Schwester unternahm, ging mit durch meine Hände.«

»Und wann reisten Sie zum ersten Mal nach Nazca?«

»1961, nach dem Tod unserer Mutter. Damals habe ich einfach meine Praxis für drei Monate geschlossen. Maria wohnte in der *hacienda San Pablo.* Das war ein schlimmer Stall, sag' ich Ihnen! Da habe ich zu Maria gesagt: Hier kann doch kein Mensch leben! Wir haben dann doch dort gehaust. Ein dunkler Raum, ohne Licht und ohne Wasser, ein hartes Feldbett mit Stroh. Ja, so war das. Im Fluß haben wir uns gewaschen, und gegessen haben wir immerzu nur Haferflocken und Bananen, manchmal auch Nüsse.«

»Maria hat ja immer sehr spartanisch gelebt. Aber Sie waren doch mehr Komfort gewöhnt, und außerdem waren Sie ja schon 55 Jahre alt. Wie haben Sie nur diese Entbehrungen verkraftet?«

»Ach, ich kann mich sehr schnell umstellen, das konnte ich immer schon. Wir waren ja auch die meiste Zeit auf der Pampa. Dort habe ich Maria bei den Messungen geholfen. Ich bin noch mehrmals nach Peru gereist. Dann, 1967, kam Maria zu mir, um ihr Buch zu schreiben. Ich habe die ganze organisatorische Arbeit übernommen. Das liegt mir, und das mache ich auch jetzt noch.«

»Sie sind nun seit 1983 fast ständig in Nazca bei Ihrer Schwester. Sehnen Sie sich nicht zurück nach Ihrer eigenen Wohnung in Deutschland?«

»Nein, mir gefällt es hier. Ich habe mich schnell angepaßt. Nur Ski fahren würde ich gern mal wieder.«

Zuerst glaube ich, sie scherzt, denn Renate ist immerhin über 80 Jahre alt, aber sie hat es ganz ernst gemeint. Sie würde sich tatsächlich noch die Skier anschnallen und die weißen Berghänge hinunterwedeln.

Dann stelle ich meine letzte Frage: Wie es sei, mit einer so berühmten Schwester zu leben, ob sie sich da nicht manchmal zurückgesetzt fühle?

»Nein! Ich hatte niemals das Empfinden, im Schatten meiner Schwester zu stehen. Meine berufliche Anerkennung bekam ich durch meine Praxis, da hatte ich alles erreicht, was ich wollte. Und ich war immer stolz auf meine Schwester, deshalb kann ich mich gar nicht zurückgesetzt fühlen, im Gegenteil, ich fühle mich eins mit ihr. Es ist für mich eine Freude, sie zu vertreten, Kontakte herzustellen, überall einzuspringen, wo sie mich braucht, und dafür zu sorgen, daß der Name ›Maria Reiche‹ für immer mit den Linien von Nazca verbunden bleibt.«

Das Gespräch hat lange gedauert, zwei Kassetten sind voll bespielt. Aber Renate Reiche scheint keineswegs erschöpft. Im Gegenteil, sie macht den Eindruck, noch genauso frisch wie am Anfang zu sein. Entspannt sitzt sie da, lächelt und meint: »Ich glaube, da habe ich gerade das Schlußwort zu Ihrem Interview gesprochen. Zu sagen gäbe es noch viel, aber ich denke, das genügt erst einmal. Sie sind ja noch eine Weile da, nicht? Also dann, bis später!«

Im Gegensatz zu Renate hat mich das Gespräch angestrengt. Nachdem sie gegangen ist, frage ich Jacob: »Wie können wir nur diese vielen Informationen in unseren Film einbauen?«

»Darüber mach dir keine Sorgen«, beruhigt er mich, »vielleicht verwenden wir später die eine oder andere Aussage im Off. Außerdem müssen wir erst mal abwarten, welches Bildmaterial wir bekommen.«

Bevor wir nach Peru reisten, hatten wir eine Konzeption erarbeitet. Sie beinhaltet alles, was wir beim Studium von Büchern und Zeitschriften über Nazca erfahren konnten. Mit diesem Wissen wollen wir auf Spurensuche gehen und offen sein für Neues und Überraschendes. Wir stellen uns vor, daß unsere Erlebnisse und Erkenntnisse während der Entstehung des Filmes einfließen. Für mich ist diese Arbeitsweise neu. Und deswegen bin ich unsicher, ob es gelingt, den sogenannten »roten Faden« zu finden, der den Film zusammenhält.

Mit Jacob hatte ich bereits im vorigen Jahr eine Dokumentation über die Inka-Kultur in Peru erarbeitet. Für diesen Film hatte ich ein Drehbuch geschrieben, in dem alle Szenen vorausgeplant waren. Der Drehort und sogar die Länge der einzelnen Szenen waren festgelegt. Dieses Drehbuch war dem Auftraggeber vorgelegt und von ihm bestätigt worden, mit der Auflage, uns exakt an diese Vorgaben zu halten. Beim Drehen hatten wir dann keinen Spielraum, unerwartete Situationen mit aufzunehmen. Jacob, der bei seinen Filmen immer sowohl Kameramann als auch Regisseur war, fühlte sich in seiner Kreativität behindert. Diesmal wollen wir es anders machen und unseren Film organisch wachsen lassen. Bei dieser Arbeitsweise ist aber das Risiko für ein Mißlingen größer. Ich würde mich jedenfalls sicherer fühlen, wenn wir uns nach einem Drehbuch richten könnten.

Trotz unserer gegensätzlichen Wesensart ergänzen wir uns bei der Zusammenarbeit überraschend gut. Während Jacob auf Genauigkeit achtet und Perfektion anstrebt, bin ich eher auf Spontanität und Schnelligkeit aus. Ich überlege nicht lange und dränge darauf, neue Ideen zu verwirklichen. Er dagegen überdenkt und durchdenkt genau, bevor er etwas in Angriff nimmt. Deshalb ist es kurios, daß gerade er beim Drehen eine intuitive Arbeitsweise bevorzugt, sich nicht durch Planungen eingeengt wissen will. Und ich, entgegen meinem eigentlichen Charakter, möchte vor Drehbeginn schon die Weichen stellen, alles vorbereiten, projektieren, konzipieren, rational planen – Risiken ausschließen. Vielleicht ermöglicht das Filmen jedem von uns, seine sonst vernachlässigten, weniger entwickelten Eigenschaften zu entfalten.

Bis zum Abend bin ich damit beschäftigt, das Tonband mit dem Interview abzuhören, um das Wesentliche in Stichwörtern aufzuschreiben. Ich notiere auch die Eindrücke vom Flug, das Gespräch mit dem Piloten und beschreibe meinen Rundgang durch die Ortschaft, füge Gedanken, Überlegungen, Ideen und Fragen hinzu. Dabei wird mir bewußt, daß wir erst gestern nachmittag angekommen sind. Wieviel hat sich allein an diesem einen Tag ereignet! Sicher, am Beginn einer jeden Reise ist es immer so, als würde sich die Zeit dehnen, weil man aus seiner bisherigen Umgebung herausgelöst ist und alle Wahrnehmungen neu sind. Hier in Nazca scheint es eine andere Ursache für die Zeitdehnung zu geben – nämlich die Linien, die eine Brücke bilden zu einer Zeit, die tausend Jahre und weiter zurückliegt. Diese Zeichen aus einer fernen Vergangenheit sind heute noch unverändert erkennbar, so als gäbe es keine Zeit.

5 Die Entdeckung des Affen

Zu Marias Zimmer führt eine kurze Treppe hinauf. Durch einen schmalen Flur kommt man in ihren Arbeitsraum, in dem sie wohnt. Er wirkt klein und eng, verstellt mit Möbeln und vollgestopft mit allen möglichen Dingen. Zuerst fallen die vielen Pläne auf. Sie liegen zusammengerollt auf Tischen und Stühlen und hängen von der Decke herab. Bücher stapeln sich. Der Zeichentisch ist bedeckt mit Papieren, Entwürfen, Skizzen, dicken Pappen und feinem Pergamentpapier.

Maria liegt auf dem Bett. Sie trägt ein gestreiftes Baumwollkleid und richtet sich auf, als sie unsere Stimmen hört. Renate und ich stützen sie, damit sie aufstehen kann. Wir helfen ihr, in einem Lehnstuhl Platz zu nehmen. Die Parkinsonsche Krankheit, an der Maria leidet, führt zu Lähmungen, so daß sie ohne Hilfe kaum noch laufen kann. Und das Glaukom, das schon früher festgestellt wurde, hat inzwischen fast zur Erblindung geführt. Trotz der Krankheit wirkt Maria nicht mitleiderregend, sondern wie ein energetischer Mittelpunkt, von dem Ruhe und gleichzeitig Energie ausgeht.

Da es im Zimmer eng und dunkel ist, machen wir die Filmaufnahmen im Freien bei Tageslicht. Auf dem Tisch liegt zusammengerollt ein Plan. Maria nimmt ihn in die Hand und entrollt ihn langsam, streicht das Papier sorgfältig mit den Händen glatt. Wieder habe ich den Eindruck, daß sie sehen kann. Sie blickt auf die Linien, Figuren und Muster, die sie früher selbst gezeichnet hat. Die Kamera läuft und hält die Szene fest.

Dann erzählt Maria von ihrer Arbeit. Ihre Stimme, anfangs noch sehr leise, kaum hörbar, wird kräftiger und stärker, je länger sie über das sprechen kann, was wohl das Wichtigste in ihrem Leben war und noch immer ist. »Ich bin nach Nazca gekommen und habe sofort Sonnenwendlinien gefunden. Das hat mich natürlich sehr motiviert, weiterzumachen. Dann entdeckte ich die erste Figur: Ich sah auf dem Boden eigenartig gewundene Linien und wußte nicht, was sie bedeuten. Ich habe sie vermessen und im verkleinerten Maßstab eine Skizze gefertigt. So entstand nach und nach auf dem Papier ein Muster, und plötzlich erkannte ich, daß die Zeichnung eine Spinne darstellt. Können Sie sich vorstellen, wie das ist, wenn man unerwartet eine solche Entdeckung macht? Ich wollte immer mehr Figuren finden. Die Pampa war für mich wie ein großes Puzzle oder besser gesagt, eine mathematische Aufgabe, die es zu lösen galt.«

Am liebsten würde ich ihr zuhören, ohne sie zu unterbrechen, aber das ist leider nicht möglich: Das Filmmaterial ist teuer, und wir haben nur eine begrenzte Menge dabei. Wir müssen deshalb ganz gezielt bestimmte Themen ansprechen. Ich frage sie also: »Warum sind denn die Zeichen über Jahrhunderte hinweg erhalten geblieben?«

»Der Boden hat an seiner Oberfläche eine krustenartige Schicht aus verschieden großen Steinbrocken mit einem hohen Eisengehalt. Das Eisen ist durch den Kontakt mit dem Sauerstoff der Luft oxidiert, deshalb ist diese oberste Bodenschicht dunkelbraun. Darunter liegt eine gelblich-weiße Schicht aus feinem Anschwemmungsmaterial, das durch Gips gebunden ist. Wenn nun das dunkle, oxidierte Steingeröll beiseite geräumt wird, bleibt der helle Untergrund für immer sichtbar. Stellen Sie sich vor, noch heute sind die Fußspuren von Kosok zu sehen, die er vor fast 50 Jahren auf dem Boden hinterlassen hat.«

»Aber der Wind müßte sie doch allmählich mit Staub und Sand zugeweht haben?«

»Ja, er müßte, wenn es da auf der Pampa nicht ein besonderes Phänomen gäbe: Wegen der dunklen Oberfläche wird am Boden extrem viel Wärme gespeichert. Dieser Wärmestau hat die physikalische Eigenschaft, nach oben zu entweichen. Dabei entsteht eine Art Staubsaugereffekt, der alle angewehten Teilchen wieder hochreißt und in obere Luftschichten davonträgt. Das erklärt auch den guten Erhalt der Linien und Zeichen über viele Jahrhunderte hinweg. Ich muß noch dazu sagen, daß es hier so gut wie nie regnet.«

»Beschreiben Sie uns doch bitte Ihre Theorie des astronomischen Kalenders.«

»Es ist keine Theorie, sondern Tatsache! Der Ausdruck ›Theorie‹ gefällt mir gar nicht. Wenn es soundso viele Sonnenwendlinien gibt, dann sind das Beweise.«

»Wie haben Sie die Sonnenwendlinien gefunden?«

»Zuerst maß ich die Längen und stellte die Richtungen fest. Es gab ja keine Pläne. Ich mußte alles erst vermessen und Pläne zeichnen. Am Anfang hatte ich dazu nur ein Bandmaß und den Kompaß. Erst später lieh mir die peruanische Armee einen Theodoliten, ein Gerät, wie es auch die Landvermesser benutzen, zum exakten Messen von Richtungswinkeln.«

Wenn wir ausschließlich Tonaufnahmen machen würden, wie bei dem Interview mit Renate, könnte ich die Wissenschaftlerin in Ruhe erzählen lassen. Doch ich muß sie wieder unterbrechen: »Was haben Sie herausgefunden?«

»Ich habe genügend Beweise, daß die Linien Markierungen waren, im Dienste der Kalenderwissenschaft der alten Peruaner. Immer vor Beginn der Regenzeit warteten die Menschen in den Tälern sehnlichst auf die Ankunft des Wassers. Die Flüsse trockneten aus und führten erst wieder Wasser, wenn es in den Anden regnete, das ist etwa am Ende des Jahres. Deswegen war für die Bewohner der Täler die Sommersonnenwende am 21. Dezember ein wichtiges Datum. An den Sonnenberührungspunkten mit dem Horizont, die zwischen der Ost- und Weststellung hin und her pendeln, konnten die Wiederkehr dieses Tages und die Jahresabschnitte dazwischen wie an einem riesigen Zeitmesser abgelesen werden. Daneben gibt es auch Mondlinien. Der Mond pendelt zwölfmal im Jahr hin und her und hat dazu noch wechselnde Ausschlagbreiten, sie wachsen und nehmen ab innerhalb eines Zyklus von 18 Jahren. Deswegen war die beträchtliche Anzahl von Linien notwendig.«

Ich gebe Jacob ein Zeichen, die Kamera zu stoppen, denn ich bin unzufrieden mit diesem Interview. Wir hatten uns entschlossen, ohne Vorbereitungen das Gespräch mit Maria Reiche zu filmen, damit es lebendig und authentisch wird. Aber nun zweifle ich. Wer kann das verstehen von den Mondlinien und dem achtzehnjährigen Zyklus, dem Hinundherpendeln und den Anfangs- und Untergangspunkten der Sonne am Horizont? Wie können wir nur erreichen, daß die Erkenntnisse, die Frau Reiche während ihrer jahrzehntelangen Forschungsarbeit gewonnen hat, informativ und zugleich spannend in unserem Film wiedergegeben werden?

Jacob will trotz meiner Bedenken das Interview drehen und die einmal begonnene Filmkassette beenden.

Maria berichtet weiter. Sie hat im Süden einen hellen Stern beobachtet, der den Horizont nicht berührt, sondern sich im Kreis um den Südpol bewegt. Und genau in dieser Richtung entdeckte sie besonders viele Linien. Sie nimmt nun an, daß manche Linien auch Sterne markieren, die weit über dem Horizont stehen. Auch die Figuren bringt sie in Zusammenhang mit den Sternen. Da sei die Spinne, sie würde das Sternbild des Orion verkörpern. Jede Figur sei eingebunden in das Liniennetz, und Linien gehen von den Figuren aus oder führen durch sie hindurch. Diese Linien wiederum zeigen auf helle Sterne des jeweiligen Sternbildes, das die Figur am Boden darstellt.

Dann erzählt sie von ihrer Lieblingsfigur, dem Affen. Und plötzlich spüre ich, daß unser Interview fesselnd und lebendig wird. Während Maria spricht, sehe ich sie vor mir, wie sie, die Hand über die Augen gelegt, nach neuen Linien Ausschau hält. Um den Kopf hat sie ein Tuch als Sonnenschutz gebunden, und an den Füßen trägt sie Sandalen. Der Wind weht den dünnen Baumwollrock um ihre bloßen Beine. Mit leichten Schritten folgt sie einer schnurgeraden Linie, die sich weit entfernt am Horizont verliert. Aufmerksam betrachtet sie die Umgebung. Nach jahrelanger Übung kann sie geringste Bodenveränderungen wahrnehmen. Sie bleibt stehen, schirmt wieder die Augen mit der Hand ab. Da sind doch Furchen! Rechts von ihr verlaufen unscheinbare Rillen, kaum handtief und nur zwei Fuß breit. Die Forscherin holt aus ihrer Stofftasche den Skizzenblock, Bandmaß und Kompaß und macht sich an die Arbeit. Sie nimmt die Hitze der sengenden Sonne nicht wahr, vergißt Hunger und Durst. Wichtig für sie sind jetzt nur die Vertiefungen im Wüstenboden. Es ist schwer, deren Verlauf festzustellen. Winzige dunkle Gesteinssplitter haben den einstmals freigelegten hellen Untergrund nachgedunkelt. Maria ist sich bald sicher, daß sie die Umrißzeichnung einer Figur gefunden hat. Aber es wird Abend, und sie weiß noch nicht, was sie darstellen könnte. Sie kehrt zurück zu ihrem Zimmer in der *hacienda San Pablo*. Dort, im Schein einer Petroleumlampe, wertet sie die Meßergebnisse aus, fertigt aus der Skizze eine maßstabgerechte Zeichnung. Noch ist die Abbildung nicht vollständig. Maria rätselt: Was mag es wohl sein? Ein Tier oder ein Mensch? Jedenfalls ein Wesen mit Händen und Füßen. An der einen Hand sind nur vier Finger. Ungläubig überprüft sie noch einmal ihre Notizen. Sie hat sich nicht geirrt, ein Finger fehlt. Ihr Blick richtet sich auf die eigenen Hände. Auch sie hat an der linken Hand nur vier Finger. Lange hat sie nicht mehr daran gedacht, an die Zeit in Cuzco. Damals hatte sie sich an einem Kaktus gestochen. Ein Dorn blieb im Mittelfinger stecken, und die Wunde fing an zu

eitern. Sie wollte die von Indianerfrauen gelernten Heilkünste aus-
probieren und behandelte sich mit Kräutern. Der Finger wurde
immer dicker, schwoll an. Sie bekam eine Blutvergiftung, und nur
durch Amputieren ihres Fingers im Krankenhaus von Cuzco konnte
sie im letzten Moment gerettet werden. Ihren Glauben an die
Kräuter erschütterte diese Erfahrung wenig. Sie hatte einfach noch
nicht genügend Kenntnisse über deren Heilkräfte, tröstete sie sich.

Maria betrachtete wieder ihre Zeichnung. Eigenartig, vier Finger... Die Wissenschaftlerin ist nicht abergläubisch. Ihr Denken
richtet sich nach logischen und mathematischen Gesetzmäßigkei-
ten, dennoch kann sie das Gefühl nicht abschütteln, daß diese Figur
da draußen in der Pampa mit den vier Fingern an der einen Hand für
sie etwas ganz Bestimmtes zu bedeuten habe. Maria ist jetzt 49
Jahre, ein Alter, in dem die meisten Menschen anfangen, an einen
geruhsamen Lebensabend zu denken. Ihr dagegen ist zumute, als
würde ihr Leben erst beginnen. Sie hat ihre Lebensaufgabe gefunden, und diese gibt ihr die Kraft, alle Entbehrungen zu ertragen.

Maria steht wie immer sehr früh auf, da es sich in der Morgen-
kühle besser arbeiten läßt. Nach vielen Tagen mühsamen Messens
entsteht auf ihrem Zeichenblatt eine Gestalt mit spiralförmig einge-
rolltem Schwanz und spindeldürren Armen und Beinen – ein merk-
würdiges Wesen. Noch nachts beim Einschlafen überlegt sie, was es
sein mag, aber sie kommt nicht darauf.

Eines Tages überträgt sie wieder Meßpunkte von ihren Skizzen
auf den Plan, verbindet sie mit Linien. Plötzlich erkennt sie die Figur
eines Affen. Die Überraschung ist perfekt. Maria ist so begeistert,
daß sie vor Vergnügen hüpft und laut lacht.

Maria Reiche lächelt. Die Falten überziehen das gleichmäßige Oval
ihres Gesichtes mit einem dichten Netz. Sie sieht dadurch aber nicht
älter aus, sondern eher verjüngt durch die Erinnerung und ver-
schönt durch die Freude über die damalige Entdeckung. »Gut, daß
mich niemand beobachten konnte, sonst hätte man denken müssen,
ich wäre verrückt oder gar eine Hexe, die einen Zaubertanz auf-
führt«, sagt Maria und lacht wieder. »Der Affe hat mich ein großes
Stück weitergebracht in meiner Arbeit. Er gab mir viele neue Hin-

weise. Vor allem interessierte mich, wie es möglich war, Figuren dieser Größe überhaupt anzulegen. Sie müssen nämlich wissen, der Affe mißt vom Kopf bis zum Schwanz 80 Meter. Mir war klar, sie haben die Figuren zunächst in einem kleineren Format entworfen, vielleicht auf Stoff, und dann in vergrößertem Maßstab auf die Pampa übertragen. Das klingt einfach. Ist es aber nicht! Versuchen Sie es selbst, es wird Ihnen nicht gelingen. Eine gerade Linie zu machen, ist kein Problem, da brauchen Sie nur eine lange Schnur und zwei Holzpflöcke. Sie spannen die Schnur dazwischen, und schon können Sie an ihr entlang eine Linie ziehen. Auch Spiralen sind relativ einfach herzustellen: Man nimmt drei Pflöcke, setzt sie in einem bestimmten Abstand zueinander und befestigt das Ende einer Schnur an dem mittleren Pflock. Das andere Ende der Schnur nimmt man straff in die Hand und geht im Kreis, dabei wickelt sich die Schnur auf die Pflöcke, und die Kreise werden immer enger. Wenn Sie den Weg, den Sie dabei zurücklegen, auf dem Boden markieren, entsteht das Bild einer Spirale. So wurde der Schwanz des Affen gezeichnet. Aber wie konnte es gelingen, den Körper darzustellen? Da gibt es gebogene und gewundene Linien. Schon geringste Abweichungen hätten genügt, daß die Figur nicht als Affe erkennbar wäre. Die Menschen damals müssen also in der Lage gewesen sein, die Winkel genau zu bestimmen.«

»Warum ist es so wichtig, zu wissen, wie die Zeichen angelegt werden?«

»Ich meine, wenn wir wüßten, wie sie konstruiert wurden, dann wären wir der Beantwortung der Frage, warum sie gemacht wurden, ein großes Stück nähergekommen. Deswegen beschäftigte ich mich viele Jahre damit, die Maßeinheit zu finden. Für diese Untersuchungen konnte ich meine Fähigkeiten am besten einsetzen. Es hat mir schon immer Spaß gemacht, mathematisch-geometrische Aufgaben zu lösen, zu messen und zu zeichnen. Und sagen Sie mir bitte, wie will man das Rätsel der Bodenzeichnungen entschlüsseln, ohne die altperuanische Maßeinheit zu kennen?«

»Haben Sie die Maßeinheit gefunden?«

»Ja! Ich bin davon überzeugt, die Nazcaner haben ihr Maßsystem von Körpermaßen abgeleitet. Das war bei vielen alten Völkern der

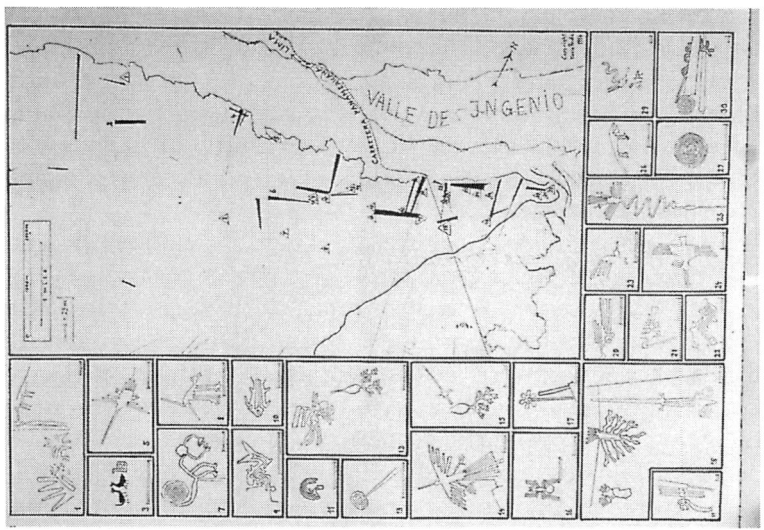

Der von Maria gezeichnete Plan zeigt die Anordnung der Tierfiguren auf dem Wüstenplateau San José über den Flußtal des Ingenio

Erde so, und noch heute erinnern einige Bezeichnungen daran, wie ›Elle‹ und ›Fuß‹. Diese Körpermaße variierten natürlich je nach Größe der Menschen. Hier an der Küste lebten kleine Menschen, wie man bei Ausgrabungen an Mumien feststellen konnte.

Lange habe ich nach dieser Grundmaßeinheit gesucht, von der durch Verdopplungen oder Verkleinerungen alle anderen Maße abgeleitet werden konnten, habe Längen und Breiten der Flächen, Radien und Sehnen der Kreisbögen, Segmente und Winkel vermessen. Ich suchte nach einem immer wiederkehrenden Maß, mit dem die Zeichen konstruiert sein könnten. Dieses eine Maß müßte in allen Werten enthalten sein. Oft war ich der Lösung schon sehr nahe. Dann gab es wieder Abweichungen, Unstimmigkeiten, und ich fing wieder von neuem an. Manchmal stimmten die Meßergebnisse mit der von mir vermuteten Maßeinheit auf den Zentimeter genau überein. Bei anderen Figuren wiederum kamen Werte heraus, die keinerlei Sinn ergaben.

Schließlich, nach 15 Jahren Suchen und Messen, konnte ich beweisen, daß es ein solches Grundmaß gibt. Es ist, wie ich immer schon vermutet hatte, die Elle, der Abstand zwischen Finger und Innenbeuge des Armes. Nur veränderte sich dieses Maß im Laufe vieler Generationen. Ich fand Figuren, bei denen es 33 Zentimeter betrug. Bei anderen, ich glaube, sie sind jüngeren Datums, waren es 38 bis 40 Zentimeter.«

»Und wie kann man nun mit Hilfe dieser Maßeinheit den Sinn und Zweck der Zeichen verstehen?«

»Das werden andere Forscher herausfinden müssen. Ich habe mein Teil dazu beigetragen. Gewiß, es gibt noch viel zu tun, aber damit sollen sich Jüngere beschäftigen. Ich vermute, daß die Länge einer Figur oder Linie einen bestimmten Zeitabschnitt repräsentiert. Nehmen wir an, die Maßeinheit von 33 Zentimeter stellt einen Tag dar, dann ist es ein Zeitmaß! Ich habe die geometrischen Flächen, Linien und Figuren wiederholt berechnet und bin sehr häufig auf neunundzwanzigeinhalb Einheiten gestoßen – und, wissen Sie, das entspricht genau der Länge eines Mondmonats. Ich bin überzeugt, wenn es gelingt, alle Maße in Zeitangaben zu übersetzen, könnten wir auf der Pampa lesen wie in einem riesigen Geschichtsbuch.«

Ein Glück, daß die Kamera noch läuft, denn gerade diese letzten Sätze finde ich besonders wichtig. Was für eine Idee! Sich vorstellen, daß die Zeichen tatsächlich eine Botschaft haben ...

6 Allein in der Wüste

Außer Atem bleibe ich am Rand des Steilhanges stehen und blicke zurück. Ich bin vom grün bewachsenen Tal auf einem kaum sichtbaren Pfad zum Wüstenplateau hochgestiegen. Abrupt ist der Wechsel von einer Landschaftsform zu anderen, von der fruchtbaren Oase zur trockenen Steinwüste. Maria Reiche hat mir eine Kartenskizze und einen Kompaß mitgegeben, damit ich mich im Gelände besser orientieren kann. Außerdem hat sie mir die Lage einiger Figuren beschrieben, die ich unbedingt sehen soll.

Erwartungsfroh habe ich mich heute morgen, gleich nach Sonnenaufgang, auf den Weg gemacht. Ich brenne darauf, endlich selber sehen zu können, worüber ich nun schon soviel gehört habe. Gewiß, ich konnte die Zeichen vom Flugzeug aus bewundern, und Maria hat mir immer wieder versichert, ich würde nur enttäuscht sein, weil vom Boden aus gar nichts Besonderes erkennbar sei. Dennoch, meine ich, ist es für mich unbedingt notwendig, diese Erfahrung selbst zu machen. Wie könnte ich sonst ihre Arbeit verstehen, wenn ich nicht wenigstens einen Tag allein – wie sie – in der Wüste verbringen würde?

Die Erlaubnis, die Pampa zu betreten, erhielt ich nur, weil ich ihr versprach, auf keinen Fall Fußspuren zu hinterlassen. Ich sollte flache Schuhe anziehen und nur auf den freigelegten Flächen gehen. Sie sagte, es sei ihr größtes Anliegen, diese ehemaligen Bodenzeichen so zu erhalten, wie sie uns von ihren Schöpfern hinterlassen worden sind.

Da liegt sie nun vor mir, die Wüste. Kein aufregender Anblick. Dunkel und tischeben bis zum Horizont. Weit entfernt im Morgendunst, als bläuliche Wand erkennbar, die Anden. 6000 Meter hoch erheben sich die Bergriesen fast senkrecht aus der Küstenwüste.

Ich blicke suchend umher, aber ich sehe keinen Weg, keine von Steinen freigelegte Fläche, die ich entlanggehen könnte, denn ich will mein Versprechen halten und den unberührten Boden nicht betreten. Ich bücke mich nach einem Stein zu meinen Füßen. Er ist wie alles hier von dunkelbrauner Farbe. Als ich ihn berühre, zerfällt er in scheibenartige Stücke. Die neuen Bruchflächen leuchten hell. Sicher ist er durch die extreme Temperaturschwankungen zwischen der Hitze des Tages und der Kälte der Nacht brüchig geworden. Es hat nur einer leichten Berührung bedurft, damit die schon vorgeprägten Risse aufsprangen. Ich richte mich wieder auf und bin erstaunt, vor einer freigelegten Linie zu stehen. Ich habe sie vorher nicht erkennen können, denn die Augen gewöhnen sich erst langsam daran, Unterschiede in der Verteilung und Größe der Steine zu bemerken. Vorsichtig gehe ich die Linie entlang. An den Rändern liegen auffällig viele Steinbrocken, es sind aber nicht genug, um einen Wall zu bilden. Ob das schon eine geometrische Figur ist?

Tatsächlich! Was sollte es sonst sein! Ich muß über mich selbst lachen. Maria hatte mich darauf vorbereitet, daß fast nichts zu sehen sein wird, und doch hatte ich irgend etwas Außergewöhnliches erwartet. Nun kann ich auch verstehen, warum die Bodenzeichen so lange unbeachtet geblieben sind. Vielleicht wunderte man sich über die ungleichmäßige Verteilung der Steine, aber niemand konnte vom Boden aus die Dimensionen und die Vielfalt der Muster auch nur erahnen.

Langsam gehe ich weiter. Inzwischen kann ich ganz gut Unregelmäßigkeiten in der Steinverteilung erkennen und entdecke eine neue Linie. Sie ist schmal, kaum einen Meter breit. Gespannt folge ich dieser Linie. Wohin wird sie mich führen? Ich kann mir vorstellen, daß es Maria Reiche ähnlich ergangen sein muß. Es ist verführerisch, weiter und weiter in die Wüste hineinzugehen und daran zu denken, daß man auf einem Liniensystem geht, das Unbekannte in Vorzeiten angelegt haben, zu Zwecken, die wir nicht einmal ahnen können.

Die Sonne steigt höher und brennt bald senkrecht vom Himmel herab. Ihre gleißende Helligkeit verändert die sanfte braune Farbe der Steine. Sie sind jetzt aschgrau. Es wird schwieriger, die Konturen der Linien wahrzunehmen, denn das Licht überstrahlt die schwachen Vertiefungen. Die erhitzte Luft flimmert über dem Erdboden, und die fernen Bergketten am Horizont heben sich nur noch als zarter, bläulicher Streifen gegen den dunkelblauen Himmel ab.

Ich bin vermutlich das einzige Lebewesen in dieser Steinwüste. Kein Vogel fliegt vorbei. Kein Insekt krabbelt am Boden. Nicht einmal die anspruchslosesten Pflanzen können gedeihen, keine harten Wüstensträucher, keine dornenbewehrten Kakteen, und sogar Flechten, die doch an eine extreme Umwelt angepaßt sind, fehlen in dieser lebensfeindlichen Ödnis. Nur Steine gibt es. Unzählige, verstreut über eine schier endlose Fläche. Mir ist, als wäre ich nicht mehr auf der Erde, sondern auf einem fremden Planeten.

Das Knirschen meiner Schritte ist das einzige Geräusch. Ich bleibe stehen. Stille! Eine Stille wie in einem schallisolierten Raum. Ich lausche. Es ist, als wären da Laute, weit entfernt, kaum hörbar. Ist es das zarte Vibrieren der flimmernden Luft? Oder kommt es aus der

Erde? Als würde da irgendwo jemand singen, in höchsten Tönen, dann wieder ist es wie ein feines Wispern. Vielleicht entströmt den Steinen dieser äolsharfige Klang, wenn sie sich ausdehnen und in der Sonnenglut zerspringen? Ich gehe weiter, und nun vernehme ich auch beim Gehen diese überirdische Musik. Ein eigenartiges Empfinden ergreift mich. Es ist, als wäre ich nicht mehr allein. Ich weiß genau: Niemand ist da, ich bin allein in der Wüste, aber ich fühle mich dennoch nicht allein. Mir scheint, als hätten sich Weite und Einsamkeit in Wesen verwandelt, die ich zwar nicht sehen, aber fühlen kann. Sie schweben über mir, begleiten mich, mal entfernen sie sich, eilen ein Stück voraus, dann warten sie wieder, bis ich nahe gekommen bin. Sie wispern und tuscheln, raunen, murmeln und säuseln von alten Geheimnissen.

Ich glaube, noch nie so glücklich gewesen zu sein. Es ist ein Glück ohne Grund, einfach weil ich da bin und teilhabe an den Geheimnissen, auch wenn ich sie nicht verstehe. Die Wüste erscheint mir nun nicht mehr öde und leblos. Ihre Kargheit ist Reichtum. Ihre Weite ist Freiheit. Ihre Einsamkeit ist Geborgenheit.

Viele Stunden sind vergangen. Die Sonne hat sich vom Zenit auf den abwärts führenden Bogen begeben. Trotzdem scheint es immer heißer zu werden. Die Hitze sammelt sich in der Ebene wie in einem Brennspiegel. Ich möchte unaufhörlich weitergehen, in dieser Hitze vergehen, mich auflösen, eins werden mit den Steinen.

Möglicherweise hat Maria ähnlich empfunden, vielleicht hat auch sie das geheimnisvolle Singen in der Wüste vernommen, ist seinem Zauber verfallen und deshalb für immer geblieben?

Die Linie, die ich entlanggehe, hat sich noch mehr verengt; kaum zwei Fuß breit, führt sie mich im Zickzack wie durch einen Irrgarten. Gewissenhaft befolge ich jede Richtungsänderung. Plötzlich kommt mir ein Gedanke: Vielleicht wurden diese Linien für magische Rituale benutzt? Ich stelle mir vor, das Wasser in den Flußtälern ist versiegt. Dürre breitet sich aus. Die Pflanzen verdorren. Ohne Ernte leiden die Menschen große Not. Da entschließen sich die Stammespriester zu einem letzten verzweifelten Versuch. Sie wollen eine Botschaft an die Götter senden, damit diese endlich das lebensspendende Naß freigeben. Sie kleiden sich in wertvolle Tücher und legen kostbaren Schmuck an. Dann steigen sie hinauf zum Wüstenplateau. Kein Ort kann geeigneter sein, um mit den Göttern Verbindung aufzunehmen; denn die Weite, die Einsamkeit und die Stille öffnen die Sinne der Menschen für außergewöhnliche Empfindungen. Schweigend gehen sie die heiligen Linien entlang, die sie schon vor langem angelegt haben, um mit den Göttern in Kontakt zu treten. Die Linien führen sie zu Figuren und Zeichen. Vielleicht hat jede Sippe ihre eigenen Symbole, mit denen sie sich identifiziert und nach denen sie sich benennt: Kondor, Pelikan, Fregattvogel. Dem Gott, der für das Wasser in den Flüssen verantwortlich ist, könnten die Fischfiguren geweiht sein, und die Kolibris – waren sie nicht die Boten für Nachrichten aus den Tälern zu den fernen Berggöttern der Anden? Dann der Affe, das Tier der üppigen Urwaldgebiete, ist er nicht prädestiniert, Fruchtbarkeit zu verkörpern?

Wie in einem Labyrinth gelangen die Menschen auf kreuz und quer verlaufenden Wegen zu den Zeichen, die ihr Anliegen symbolisieren. Nur Eingeweihte, die Priester, wissen, wann die Umrißlinie der Figur vor ihnen liegt. Dann geben sie ein Signal, und das eigentliche Ritual beginnt: die Botschaft mit der Bitte an die Götter. Gebete murmelnd oder singend, schreitend oder tanzend begibt sich einer nach dem anderen auf die magische Linie der Figur. Sie können die Form nicht erkennen, weil sie zu groß ist. Sie wissen aber, wie sie aussieht, denn sie haben die gleichen Figuren in ihre Stoffe gewebt und auf ihre Keramikgefäße gemalt. Es ist nicht notwendig, sie zu sehen, denn sie können sie in ihrem Inneren empfinden, wenn sie wieder und wieder, der Umrißlinie folgend, die Figur umrunden. So lange gehen sie, bis sie sich in ihnen selbst abbildet, dann ist die Verbindung zu dem Gott hergestellt. Sie haben Instrumente mitgebracht, um sich durch den Klang und den Rhythmus in Trance zu versetzen.

Vielleicht war es tatsächlich so – oder auch ganz anders. Es gibt keine Aufzeichnungen und keine mündlichen Überlieferungen, die uns Auskunft geben könnten über Glaubensvorstellungen und Traditionen des verschwundenen Küstenvolkes.

Es ist wie eine Vision, als würde ich in der flimmernden Ferne Menschen sehen. Sie kommen näher, formiert zu einer langen

Prozession. Sie tragen exotische Gewänder. Ich fühle mich ihnen nicht fremd, bin wie sie, ein Mensch, der Nahrung und Wasser braucht, der wie sie lacht und weint, leidet und hofft und der versucht, sein Leben selbst zu lenken.

Ist mir damit ein Blick gelungen, zurück in die ferne Vergangenheit? Vielleicht sind durch die lange Wanderung in der Weite und Einsamkeit der Wüste meine Sinne so sehr sensibilisiert, daß ich empfänglicher geworden bin für Dinge, die mir sonst nicht zugänglich sind.

Die Zickzack-Linie hat mich schließlich zur Figur des Affen geführt. Ich kann ihn nicht erkennen, nur die Kartenskizze von Maria zeigt mir, daß ich mich unterhalb seines Schwanzes befinden müßte. Ich gehe den schmalen Pfad weiter, der nun in einem weiten Kreisbogen verläuft. Mir wird klar, daß ich schon innerhalb der Figur bin, nämlich dem zu einer Spirale aufgerollten Schwanz des Affen. Immer enger werden die Kreisbogen. Dann bin ich in der Mitte der Schwanzspirale. Von hier wendet sich die Linie in die andere Richtung und führt in größer werdenden Kreisen wieder aus der Spirale hinaus. Weiter, ohne Unterbrechung, zieht sich die Linie über den Rücken des Affen. Ich umrunde seinen Kopf mit den kleinen Ohren, laufe den linken Arm entlang, dann über den Unterkiefer zum rechten Arm und der Hand mit nur vier Fingern. Ich vergleiche die Wegspur mit der Skizze. Ohne sie wüßte ich nicht, daß ich gerade über einen Finger marschiere; es ist nichts weiter zu sehen als ein eigenartig gebogener Pfad, kaum breit genug, einen Fuß vor den anderen zu setzen. Dann geht es den Bauch entlang. Nachdem ich auch noch den Umrissen der Beine mit den dreizehigen Füßen gefolgt bin, befinde ich mich wieder unter dem Schwanz.

Der Affe ist also mit einer nie unterbrochenen, endlosen Linie angelegt, auf der man immer wieder von neuem die Figur umrunden kann. Jetzt aber folge ich einer Linie, die mich wieder hinausbringt in das Zickzack-Muster. Ich habe einen langen Fußmarsch hinter mir, denn die Figur mißt vom Kopf bis zum Schwanz über 80 Meter, die Umrißlinie muß demnach mehrere Kilometer lang sein.

Maria Reiche behauptet, der Affe sei dem Sternbild des »Großen Bären« zugeordnet. Dieses Sternbild ist auch an unserem nördlichen Nachthimmel zu sehen, bekannt unter der Bezeichnung »Großer Wagen«. Vier hell leuchtende Sterne bilden den Wagenkasten und drei weitere die Deichsel. Die Griechen sahen in diesen auffällig flimmernden Sternen die Abbildung eines Bären. Warum sollten die Altperuaner, in deren Land es keine Bären gab, nicht einen Affen darin gesehen haben?

Maria vermaß die Affenfigur mit Akribie. Sie spürte instinktiv, daß gerade diese Figur für ihre Arbeit von besonderer Bedeutung sein mußte. Sie stellte die Abstände in der Spirale fest und fand Werte, die ihrer angenommenen Maßeinheit sehr nahe kamen. Sie ermittelte die Winkel in der Beugung der Arme, unterhalb der Ohren und in der Spitze des gebogenen Rumpfes. Sie vermaß, berechnete und verglich die Linien und Winkel miteinander und ist sicher, daß eine Fülle von Informationen in diesen Meßwerten verschlüsselt sind. Auch die ungerade Zahl der neun Finger muß etwas zu bedeuten haben. Nur der Schlüssel zur Erkenntnis fehlt noch immer.

In der Deichsel des »Großen Wagens« oder – wenn man das Abbild des Affen in dem Sternbild sieht – im Schwanz strahlt ein auffallend heller Stern, genannt »Benetnasch«. Dieser Stern muß auch die Aufmerksamkeit der peruanischen Figurenzeichner erregt haben, denn auf ihn zielt eine besonders breite Linie. Maria nennt sie die *pista*, die durch das Zickzack-Muster und die Hände des Affen führt. Sie hat die Position des funkelnden Fixsterns zurückgerechnet und fand heraus, daß der Benetnasch vor 2000 Jahren genau dort im Lot am Himmel stand, wo die *pista* einen Punkt am Horizont markiert.

Für Maria Reiche sind ihre Meßdaten auch Beweise dafür, daß die Zeichen in der Wüste ein astronomischer Kalender waren, um die günstigste Zeit zum Ernten und Säen zu bestimmen und um Sonnen- und Mondfinsternisse zu berechnen.

Während ich bemüht bin, wieder aus dem Zickzack-Labyrinth zu finden, denke ich darüber nach, ob nicht beides möglich ist: Vielleicht wurden die Wüstenzeichen sowohl für Berechnungen der

Sternenkonstellationen angelegt als auch für magische Rituale. Das eine muß das andere nicht ausschließen. Die Menschen damals werden nicht viel anders gewesen sein als wir. Selten lassen wir uns vom rein logischen Denken leiten, immer sind unsere Handlungen auch von Emotionen, Stimmungen und Ahnungen beeinflußt. So wäre es kein Widerspruch, einerseits Mathematik und Astronomie in den Dienst magischer Rituale zu stellen, andererseits mit Hilfe der Linien und Sterne das beste Datum für die Aussaat und Ernte zu bestimmen.

Die Indianer des Andenhochlandes, deren Kultur nicht ganz so radikal ausgelöscht wurde wie die der Küstenbevölkerung, erzählen noch heute Sagen über Sternengötter, die auf der Rückseite der Erde wohnen. Nachts gehen sie aus. Sie tragen in Kesseln Feuer mit sich, um in der Dunkelheit sehen zu können. Die Sternengötter mit ihren Feuerkesseln müssen bestimmte, ihnen vorgeschriebene Wege zurücklegen, dann können sie wieder heimkehren in ihre Häuser auf der anderen Seite der Erde und sich ausruhen bis zur nächsten Nacht.

Diese Bruchstücke ehemaliger Mythen und Geschichten deuten an, welche Vorstellungen auch die Schöpfer der Wüstenzeichen gehabt haben könnten. Die Bahnen der Planeten und Fixsterne konnten sie zwar beobachten und genauestens berechnen, aber zugleich waren für sie die Himmelskörper Wesen, die in Häusern lebten, die sich stritten und liebten, sich verheirateten und wieder auseinandergingen. So übertrugen die Menschen ihre eigenen Verhaltensweisen auf die fernen Sternengötter. Götter, die so lebten wie sie selbst, verstanden sie – eine wichtige Voraussetzung, um sie in der Not um Hilfe anflehen zu können.

Es ist später Nachmittag. Inzwischen habe ich aus dem Zickzackgewirr herausgefunden. Von der Ortschaft Nazca bin ich noch 20 Kilometer entfernt. Den Rückweg schaffe ich jetzt nicht mehr vor Einbruch der Dunkelheit. Zwar würde es mir nichts ausmachen, die Nacht allein in der Wüste zu verbringen – im Gegenteil: ich nehme mir vor, das zu einem späteren Zeitpunkt nachzuholen. Diesmal aber war es nicht abgesprochen, und ich möchte niemanden durch zu langes Ausbleiben beunruhigen. Deshalb werde ich mit Hilfe der Kartenskizze die kürzeste Verbindungslinie zur Panamericana wählen, die hier das Plateau mit den Zeichnungen durchschneidet. Dort will ich dann versuchen, ein Fahrzeug anzuhalten, um nach Nazca zurückzufahren.

Der rote Sonnenball senkt sich langsam dem Horizont entgegen. Sein mildes Licht verwandelt die kalten, aschgrauen Töne der Wüste wieder in sanftere Farben. Die Vertiefungen und Rillen der Linien bekommen Konturen und heben sich deutlich von der Umgebung ab. Ein besonderer Zauber legt sich mit der Abenddämmerung über das Land. Plötzlich bin ich mir sicher, daß die Menschen nicht während des Tages, in der flimmernden Sonnenglut, in die Wüste gegangen sind, sondern bei untergehender Sonne und auch viel später, in der Nacht. Wenn der Himmel voller Sterne funkelte, war der richtige Zeitpunkt gekommen, um Zwiesprache mit den Göttern zu halten.

Ich muß mich zwingen weiterzugehen, zur Straße, denn übermächtig wächst in mir der Wunsch, in der Wüste zu bleiben und hier die Stunden der Nacht zu erleben.

Lange bevor ich die Panamericana sehe, vernehme ich schon die Geräusche der schweren Laster, die über das Asphaltband dröhnen. Ich empfinde die Straße als Entweihung der stillen Geheimnisse der Wüste. Als sie gebaut wurde, ahnte niemand etwas von der Existenz der Zeichen. Auch wer heute mit einem Fahrzeug durch das Gebiet fährt, kommt von alleine nicht auf den Gedanken, daß sich hier Werke befinden, die zu den rätselvollsten der Menschheitsgeschichte zählen – sie sind ja »unsichtbar«.

7 Der Turm

»Wenn Maria Reiche nicht mit Mut und Entschlossenheit für die Erhaltung der Wüstenzeichen gekämpft hätte, würden sie heute vielleicht nicht mehr existieren«, sagt Jacob. Er hat den Tag, den ich allein in der Wüste verbracht habe, genutzt, um sich zu informieren. »Stell dir vor, es gab sogar einen Plan, das Plateau zu bewässern«, erzählt er weiter. »Eines Tages im Jahr 1955 kamen Landvermesser und steckten das Gebiet mit Markierungsstangen ab. Mit Jeeps waren sie über den empfindlichen Wüstenboden gefahren und hatten, ohne es zu wissen, viele Zeichen zerstört. Noch heute sieht man ihre Auto- und Fußspuren. Vielleicht waren es die gleichen, die wir bei unserem Flug über die Wüste sahen und die uns so geärgert haben.«

»Es ist doch gar kein Wasser vorhanden, um die Wüste zu bewässern. Das Wasser, das die Flüsse führen, reicht doch gerade für die Felder im Tal«, gab ich zu bedenken.

»Eben!« bestätigt Jacob. »Das war auch Maria klar, aber bis es die Verantwortlichen bemerkt hätten, wäre die Wüste – und damit die einmaligen Zeichen – für immer vernichtet worden.«

»Wie hat sie es denn verhindern können?«

»Sie fuhr nach Lima und begann mit der ihr eigenen Energie zu kämpfen. Als erstes wandte sie sich an Zeitungsredakteure. Die hatten schon früher über sie berichtet, über die Deutsche, *la alemana*, die in der Wüste den *calendario mas grande del mundo*, den ›größten Kalender der Welt‹, entdeckt hat. Nun kam Maria auf die Titelseiten, das Interesse und die Anteilnahme der Zeitungsleser wurden geweckt. Wochenlang ging der Disput in den Zeitungen zwischen den Befürwortern und den Gegnern des Bewässerungsprojektes. Manche Leute meinten, die ursprüngliche Bevölkerung sei viel zu primitiv gewesen, um überhaupt eine Kultur gehabt zu haben, deshalb sei der astronomische Kalender das Hirngespinst einer verrückten Deutschen. Die meisten sprachen sich aber in ihren Zeitschriften für die Erhaltung der rätselhaften Linien aus und wollten, daß sie als nationales Denkmal erhalten bleiben. Maria mischte sich mit ihren Artikeln immer wieder in die Diskussion ein, und langsam bekam sie mehr und mehr Anhänger. Aber die Zeit wurde knapp. Der Bewässerungsplan sah nämlich vor, einen Tunnel durch die Andenberge zu sprengen und Wasser von einem Quellfluß des Amazonas vom Osten des Kontinents nach Westen in die trockene Pazifikküste zu leiten.«

»Werden die Menschen denn nie aufhören, die Erde zu vergewaltigen!« entfährt es mir wütend.

»Beruhige dich, das war doch 1955, und das Projekt wurde ja nie verwirklicht. Wenn Maria Reiche nur emotional reagiert hätte, dann hätte sie wahrscheinlich nichts erreicht. Obwohl sie über das Vorhaben entsetzt war – es ging ja auch um ihr Lebenswerk –, blieb sie nach außen gelassen. Sie wußte, sie brauchte Verbündete, und die würde sie nur mit handfesten Argumenten überzeugen und gewinnen können.

Sie war bisher bei ihrer Arbeit von der Armee unterstützt worden, bekam Meßgeräte und konnte bei Flügen über die Wüste Fotos aufnehmen. Schließlich organisierte der Kommandant der Luftwaffe eine Pressekonferenz und eine Ausstellung mit eindrucksvollen Luftaufnahmen. Maria sprach mit Regierungsmitgliedern, erklärte und agitierte, erläuterte und begründete, welche Bedeutung die Wüstenzeichen hätten. Endlich wurde das Projekt von der Abgeordnetenkammer behandelt und die Genehmigung zur Landerschließung zurückgezogen – in letzter Minute.«

»Was für eine Geschichte! Wenn wir die in unserem Film darstellen könnten!«

»Das ginge nur in Form eines Spielfilms. Aber am Turm könnten wir mit dokumentarischen Mitteln einen Teil ihrer Geschichte nachvollziehen.«

»Am Turm?« frage ich überrascht. »Welchen Turm meinst du?«

»Den Turm in der Wüste! Wir fahren morgen hinaus und drehen dort.«

»Nun tu nicht so geheimnisvoll! Verrate mir doch, was das für ein seltsamer Turm sein soll, der mitten in der Wüste steht.«

»Na ja, genau gesagt steht er an der Panamericana. Maria Reiche hat ihn bauen lassen, denn die Gefahr für die Wüstenzeichen war ja mit dem Ende des Bewässerungsprojektes längst nicht gebannt. Im Gegenteil. Besonders nachdem Erich von Däniken mit seinen Büchern Nazca als Landeplatz der Außerirdischen bekannt gemacht hatte, strömten die Touristen in Scharen herbei. Und die blieben natürlich nicht auf der Straße. Um etwas zu sehen, fuhren sie in die Wüste hinein und zerstörten mit den Radspuren, mit jedem Schritt und Tritt, was sie eigentlich sehen wollten. Deshalb hatte Maria Reiche den Einfall, einen Turm bauen zu lassen, auf den die Besucher hinaufsteigen könnten, um von oben einen Überblick über die Figuren zu haben.«

»Eine tolle Idee!« sage ich begeistert.

»Es klingt einfach, war es aber nicht«, fügt Jacob hinzu. »Renate hat mir die Schwierigkeiten geschildert, die überwunden werden mußten, bis der Turm endlich stand.«

Am nächsten Tag mieten wir ein Fahrzeug, verstauen darin unsere Filmausrüstung und lassen uns zum Turm hinausfahren. Er steht tatsächlich direkt neben der Panamericana, etwa 20 Kilometer von Nazca entfernt. Sein rotes Metallgestänge ist schon von weitem zu sehen. Ich schätze ihn auf 15 Meter Höhe.

Neben dem Turm gibt es einen Unterstand als Schutz vor der Sonne. In dieser kleinen Hütte sitzt ein Mann und begrüßt uns freundlich. Wir nehmen an, daß er die Aufgabe hat, das Geld für die Besteigung des Turmes zu kassieren. Ich frage ihn deshalb, wieviel es kostet.

»*Nada*, nichts!« lautet seine Antwort. »Die Turmbesteigung ist frei. Señora Reiche hat das so bestimmt.«

»Und warum sind Sie hier?«

»Ich bin der Wächter. Ich passe auf, daß niemand die Wüste betritt und dabei die Zeichen zerstört.«

Wir steigen die Eisentreppe zur Plattform hinauf. Von dort sehen wir zahlreiche schnurgerade Linien. Sie verlieren sich in der flimmernden Ferne. Dazwischen erkennen wir die Umrisse von zwei Figuren. Die eine scheint einen Baum darzustellen, mit knorrigen Ästen und einem wirren Wurzelwerk. Es könnte aber auch eine Alge sein. Die andere Figur ist sehr eigenartig. Ist sie ein Tier oder ein Kobold? Wir rätseln hin und her. Ich meine, es könnte ein Frosch sein. Der Kopf geht ohne Halsansatz in einen kurzen Körper über, aus dem zwei Hände herausragen. An der einen Hand sind fünf, an der anderen nur vier Finger. Wegen dieser vierfingrigen Hand sieht Jacob eine Parallele zum Affen und glaubt, es könnte eine nicht fertiggestellte Affenfigur sein. Tatsächlich – würde man noch den Schwanz und die Hinterbeine anfügen und den Körper verlängern, dann entstünde das Bild eines Affen. Andererseits wirkt sie nicht wie eine unfertige Zeichnung. Die Umrißlinie ist an keiner Stelle unterbrochen.

Aber vom Turm sehen wir nicht nur die Linien und Figuren, sondern auch die Zerstörungen, die unzählige Fahrzeuge angerichtet haben. Jahrhunderte, vielleicht sogar Jahrtausende waren die Bilder in makelloser Reinheit erhalten geblieben. Hier zeigt sich, wie schnell und radikal sie durch menschliche Unbedachtheit und Ignoranz vernichtet werden können. Marias Turm gibt den Besuchern einen ersten Eindruck von den Wüstenzeichen. Er zeigt ihre Schönheit, aber auch ihre Verletzlichkeit.

Wir befestigen die Kamera auf dem Stativ und filmen die Linien, die beiden Figuren und die Radspuren.

Der Wächter, Hector Garcia Licas, hält einen runden Flußkiesel in der Hand. Mit einem spitzen Werkzeug graviert er Linien in die Oberfläche des Steines. Vor ihm liegen bereits fertige Kiesel. Sie sind geschmückt mit Figuren. Da gibt es die Spinne und den Affen, Kolibris und Fische, den Vogel mit dem achtfach gewundenen Hals und den mit dem Kneifzangenschnabel, hundeartige Tiere und Reptilien. Um seine Zeichnungen noch kontrastreicher erscheinen zu lassen, hat Hector einige Steine schwarz lackiert und nur die hellen, eingravierten Striche freigelassen. Ich nehme einen Kiesel fest in die Hand und empfinde es als angenehm, ihn zu umschließen. Einige wähle ich aus und kaufe sie Hector ab. Er freut sich, und sein rundes Gesicht öffnet sich zu einem Lächeln. Die Arbeit als Wächter gefalle ihm sehr. Es kämen oft Besucher vorbei, mit denen er sich gerne unterhalte, und mit dem regelmäßigen Verdienst könne er seine Familie ganz gut ernähren. »Da, sehen Sie die Staubwolke?« fragt er und zeigt in Richtung einer Schotterstraße, die in die Panamericana mündet. »Das kann nur Señora Renata mit ihrem Auto sein.«

Tatsächlich, jetzt kann ich in der aufgewirbelten Wolke einen braunen VW-Bus mit hellem Dach erkennen und hinter der staubigen Frontscheibe den weißen Haarschopf von Renate Reiche. In rasanter Fahrt kommt sie näher. Die Steine spritzen nur so weg, als sie ihr Fahrzeug scharf abbremst. Sie öffnet die Autotür und springt leichtfüßig heraus. Mein erstaunter Gesichtsausdruck

Renate Reiche in ihrem »Wüsten-Bus«

amüsiert sie offensichtlich, und sie sagt: »Ich habe immer sehr viel Sport getrieben, das zahlt sich jetzt aus.«

Sie begrüßt Hector auf spanisch. Jacob filmt, wie sie ihm einen Briefumschlag mit seinem Lohn überreicht und wie der Wächter das Geld genau nachzählt.

»Warum hat Ihre Schwester den Turm gerade an dieser Stelle aufstellen lassen?« fragt Jacob.

»Nun, sie war der Meinung, von hier sieht man besonders viele Linien und sogar zwei Figuren, ohne die Straße verlassen zu müssen. Der Turm soll ja dazu dienen, die Menschen von der empfindlichen Oberfläche der Wüste fernzuhalten.«

»Könnten Sie für unseren Film die Entstehung des Turmes schildern?«

»Ja, gerne. Da gab es viele Widerstände zu überwinden. Wenn man ihn jetzt so stehen sieht, glaubt kein Mensch, wie schwierig das war. Zuerst hat meine Schwester versucht, von der peruanischen Regierung finanzielle Hilfe zu bekommen, aber sie wurde immer nur von einem Jahr aufs andere vertröstet. Schließlich habe ich das Geld gespendet, und Maria hat noch ihre Ersparnisse dazugetan. Nachdem alle bürokratischen Hürden überwunden waren und endlich die Genehmigung vorlag, mußte eine Firma gesucht werden, die so einen stabilen Turm bauen konnte. Wir fanden sie in Pisco, 200 Kilometer von hier. Der Turm mußte dann zum Transport auf einen Lastwagen verladen werden. Ungeduldig warteten wir auf seine Ankunft.

Bei Santa Cruz, dort, wo die Panamericana zum Wüstenplateau ansteigt, gibt es einen Bergriegel, durch den ein Tunnel führt. Hier mußte unser Turm durch. Aber stellen Sie sich vor, er blieb mittendrin stecken. Einen ganzen Tag lang war diese einzige Nord-Süd-Verbindung blockiert. Nur mühsam und mit Hilfe vieler Helfer gelang es, den in der Röhre verkeilten Turm wieder rückwärts hinauszuschleppen. Wie sollte es jetzt weitergehen? Sie kamen auf die Idee, den Turm in Teile zu zerlegen. Das war nicht einfach, und das verschweißte Basisstück ließ sich sowieso nicht verkleinern. Jetzt konnte nur noch ein Hubschrauber die Situation retten. Es beeindruckte uns alle sehr, als er wie eine Riesenlibelle über der Wüste einschwebte und seine schwere Last zielgenau absetzte. Und da steht er nun, unser Turm!«

»Warum verlangen Sie eigentlich keinen Eintritt? Außer Mühe und Aufregung hat der Turm Sie ja auch eine Menge Geld gekostet.«

»Es ist Marias Wunsch, daß der Turm für alle Menschen, die sich für die Linien interessieren, frei zugänglich ist. Die Wächter entlohnen wir mit dem Geld, das der Verkauf von Marias Buch einbringt. Und wenn das nicht reicht, steuere ich noch etwas von meinen Ersparnissen bei. Jetzt zum Beispiel muß ich Farbe kaufen. Der Turm ist aus Metall, und es ist nötig, ihn regelmäßig nachstreichen zu lassen, damit er nicht rostet.«

Renate nimmt uns in ihrem Bus nach San Pablo mit. Wir laden zwei große Fässer Farbe ein und fahren zur *hacienda San Pablo*, Marias früherem Domizil.

Renate bremst wie immer abrupt. Wir steigen aus und gehen zu einem Gebäude mit Flachdach und ebenerdig gelegenen Räumen. An die Vorderfront schließt sich eine Veranda an, die nach allen Seiten offen ist.

»Wenn es im Zimmer zu heiß und zu stickig war, hat meine Schwester hier im Schatten gesessen und Pläne gezeichnet«, sagt Renate.

Die Tür, die von der Veranda nach innen führt, ist nicht abgeschlossen. Wir gehen hinein. Das Zimmer ist jetzt fast leer, nur ihr eisernes Bettgestell steht noch da. Der Raum ist düster und ähnelt einer Gefängniszelle. Ein dumpfer Geruch kommt uns entgegen, und wir wollen kaum glauben, daß Maria hier 25 Jahre lang gehaust haben soll.

Die hacienda San Pablo, *in der Maria 25 Jahre lang lebte und arbeitete*

»Für meine Schwester war es nur wichtig, daß sie hier unentgeltlich wohnen durfte, denn keiner bezahlte ihr etwas für ihre Forschungsarbeit. Sie verdiente ihr Geld durch Übersetzungen und Sprachstunden und fuhr anfangs zwischen Lima und Nazca hin und her. Bald spürte sie, daß die Erforschung der Wüstenzeichen ihre ganze Kraft brauchte. Sie zog in diesen Schuppen und vermietete ihre Wohnung in Lima. Für viele Jahre war das die einzige Einnahmequelle, mit der sie ihr Leben bestritt und vor allem ihre Zeichenutensilien kaufte.

Wie sie den Besitzer dieser *hacienda* kennenlernte und überredete, damit er sie hier wohnen ließ, das soll sie Ihnen selber erzählen.«

Wir steigen wieder in den VW-Bus ein, laden die Fässer am Turm ab und erreichen ohne weiteren Aufenthalt Nazca.

Nach dem Abendessen sitzen wir mit den Schwestern in dem schönen, stillen Innengarten, dem Patio des Hotels. Maria erzählt, daß sie heute im Bassin geschwommen sei. »Im Wasser kann ich mich viel besser bewegen als auf dem Land.«

69

Renate berichtet, daß sie uns die *hacienda San Pablo* gezeigt hat. Maria lächelt und schweigt. Wahrscheinlich erinnert sie sich an die Vergangenheit, die für sie schwer war und sie zugleich sehr glücklich gemacht hat.

»Ich war froh, daß ich dort wohnen durfte«, sagt sie, als hätte sie meine Gedanken erraten. »Am glücklichsten jedoch war ich in der Pampa. Dort fand ich meine Welt. Der Himmel über mir und die Weite um mich, diese Freiheit, das war es, was ich brauchte, so fühlte ich mich am wohlsten.

Aber Sie wollten ja wissen, wie ich die *hacienda* in San Pablo bekommen habe. Früher gab es in Nazca nur ein Hotel, das ›Royal‹. Von wegen Hotel – ein Dreckloch war das! Und der Lärm des Generators, der das Hotel mit Elektrizität versorgte, ließ mich nicht schlafen. Mein Untersuchungsgebiet, die Pampa San José, dort, wo heute mein Turm steht, war über 20 Kilometer entfernt. Taxis gab es damals ja nicht, ich hätte sie auch gar nicht bezahlen können. Also habe ich mich an die Panamericana gestellt und Autos angehalten, meist Lastwagen. In der Kabine war selten Platz, da die Fahrer ihre Familien mitnahmen. Ich bin deshalb auf den Anhänger geklettert und habe mich zwischen die Kisten und Säcke gehockt. Wenn ich endlich bei meinen Linien ankam, ging gerade die Sonne auf, denn ich bin in stockdunkler Nacht losgefahren, um die Morgenstunden, wenn es noch kühl ist, auszunützen. Abends wieder die gleiche Prozedur zurück. Nachdem ich das viele Jahre so gemacht hatte und ich meine Arbeit immer wieder durch Aufenthalte in Lima unterbrechen mußte, um dort das nötige Geld für das Hotel und mein Essen zu verdienen, wurde ich auf ein Haus aufmerksam, das eher ein Lagerschuppen zu sein schien. Aber für mich war ja nur wichtig, daß es nah an meinem Arbeitsgebiet lag. Ich brauchte nur die Straße zu überqueren, einen Steilhang hinaufzuklettern und schon war ich in wenigen Minuten bei meiner Arbeit. Sehr praktisch! Die *hacienda* gehörte einem Engländer, Mister Lyndon Evelyn.«

Marias Augen funkeln vor Vergnügen, und ihr Gesicht überzieht sich mit vielen Lachfalten. Ich kann mir vorstellen, wieviel Spaß es ihr bereitet hat, unkonventionell zu handeln.

Sie erzählt weiter: »Mister Evelyn hat verwundert den Kopf geschüttelt und gesagt: ›Da ist kein Platz für eine Dame.‹

Ich habe geantwortet: ›Ich bin keine Dame!‹

Darauf er: Es sei kein Ort für eine Frau, denn es sei gefährlich, nachts treibe sich zuviel Gesindel in der Gegend herum.

Ich sagte: ›Ich trage das Risiko gern!‹

Da hat er mir den Raum gezeigt. Er war wirklich verwahrlost. Überall stand Gerümpel – wie in einer Rumpelkammer sah es aus. Von den Lehmwänden bröckelte der Kalk, und der Boden bestand aus festgestampfter Erde. Nun dachte Mister Evelyn, ich würde aufgeben, aber er hatte sich in mir getäuscht. Ich erzählte ihm, wie ich das Zimmer einrichten wolle, wo ich Regale anbringen würde, und daß ich Tisch und Stühle anfertigen könne. Diese Fähigkeit, Möbel selbst zu bauen, überzeugte ihn – und er gab mir das Zimmer.«

»Sie wollten damals so lange bleiben, bis das Rätsel der Wüstenzeichen gelöst war?«

»Über die Zeit habe ich mir keine Gedanken gemacht. Ich war glücklich, jeden Tag das zu tun, was mir Freude machte und mich ausfüllte.«

8 Die Astronomin

»Ich habe eine Überraschung für Sie!« ruft uns Renate schon von weitem zu. »Das ist Phyllis Pitluga«, stellt Renate eine dunkelhaarige Frau vor. »Sie wird die Arbeit von Maria fortführen.«

Mrs. Pitluga ist Astronomin am Adler-Planetarium in Chicago und reist öfter nach Nazca. Diesmal kann sie nicht lange bleiben, denn sie hat zusammen mit ihrem Mann eine Reise durch Südamerika geplant. Trotzdem ist sie bereit, mit uns hinaus in die Pampa zu fahren, damit wir sie bei der Arbeit filmen können. Phyllis Pitluga ist eine schöne Frau. Ihr gleichmäßig ovales Gesicht mit der hohen Stirn wird von schwarzen Haaren umrahmt. Sie wirkt jung und energisch.

Wir sitzen im Schatten einer Palme im Hotelgarten und freuen uns über das Vogelgezwitscher und die vielen bunten Kolibris, die von Blüte zu Blüte schwirren.

Die Amerikanerin erzählt, wie sie Maria kennengelernt hat und wie es dazu gekommen ist, daß sie ihr Werk weiterführen soll. »Es war völlig unerwartet. Ich hatte Nazca besucht wie andere Touristen auch und einen Flug über die Pampa absolviert. Danach hörten wir einen Vortrag von Maria Reiche. Ich war fasziniert. Da ich noch mehr wissen wollte, stellte ich ihr viele Fragen. Am nächsten Tag fuhr unsere Reisegruppe weiter, und ich dachte nicht daran, jemals wieder nach Peru zu kommen. Da erhielt ich plötzlich ein Päckchen aus Nazca. Maria bat mich auf besonders originelle Weise, ihr Werk fortzusetzen. Sie schickte mir nämlich eine Tonkassette mit einem Lied. Es stammte von ihr selbst. Sie sang, daß sie geträumt habe, ich würde ihre Arbeit übernehmen und fortsetzen. Zuerst war ich überrascht, dann sehr neugierig. Damals konnte ich mir nicht vorstellen, was ich da übernahm, vor allem ahnte ich nicht, daß sich daraus eine so lange und intensive Arbeit ergeben würde.«

Da Maria bereits zu krank war, um Phyllis einzuweisen, übernahm diese Aufgabe Lucio Callo, Marias langjähriger Assistent. An ihren ersten Tag in der Pampa kann sich Phyllis besonders gut erinnern. Maria hatte ihr aufgetragen, eine bestimmte Linie zu vermessen. Sie aber sah so viele Linien und dachte, wie um Himmels willen soll ich die eine, um die es sich handelt, herausfinden? Der Peruaner Lucio zeigte sie ihr, und er lehrte sie alles, was er selbst von Maria gelernt hatte. Bei Kontrollmessungen stellte die Amerikanerin fest, daß ihre Vorgängerin sehr genau gearbeitet hatte. Da gab es nicht die geringste Abweichung, so daß sie alle von Maria gezeichneten Pläne verwenden konnte. Ein großer Vorteil sei, so meint sie, daß die Sternkonstellationen heute mit einem Computer berechnet werden könnten. Bei dieser Arbeit unterstützt sie ihr Mann Linton.

Da erinnere ich mich an den Wissenschaftler Hawkins: Seine Computerberechnungen hatten kein signifikantes Ergebnis gebracht. Er fand keine Übereinstimmung zwischen Ausrichtung der Linien und den Sternpositionen. Für Phyllis Pitluga hat das negative Resultat von Hawkins keine Bedeutung. Er habe nicht genügend

Messungen in seine Untersuchungen einbezogen, und vor allem hat er sich nur mit den Flächen beschäftigt, mit den breiten Vierecken und Trapezen. Dabei sind es die schmalen Linien, die zum Anvisieren der Himmelskörper angelegt worden waren. Außerdem hielt sich Hawkins nur wenige Wochen in Nazca auf, und in so kurzer Zeit könne niemand ein Verständnis für das komplizierte System des Wüstenkalenders entwickeln.

Die Aussage der Astronomin entspricht auch meinem Eindruck. Überhaupt bin ich jeglichen Berechnungen und statistischen Beweisführungen gegenüber eher skeptisch. Nur wenn mir alle Daten zugänglich sind und ich selbst nachprüfen kann, habe ich einigermaßen Gewißheit. Gerade mit Zahlen kann man am einfachsten lügen und etwas beweisen, was überhaupt nicht stimmt. Ich denke auch, wer einen Computer benützt, um dem Rätsel von Nazca auf die Spur zu kommen, kann nicht auf dem richtigen Weg sein. Die Wüstenzeichen wurden von Menschen geschaffen, deren kulturelle Entwicklung sich von unserer unterschied. Sie hatten keine Maschinen, keine Technik, aber dafür waren ihre handwerklichen und manuellen Fähigkeiten bestens ausgebildet. Mit ihren Mitteln konnten sie die Linien deshalb nur ungefähr in Richtung der Sterne ausrichten. Für die Rechenmaschine aber bedeutet das: Fehlanzeige! Sie stellt keine Übereinstimmung fest, denn sie arbeitet viel zu exakt, um zu einem richtigen Ergebnis zu gelangen

Die Menschen früher glaubten an Götter und Dämonen. Menschen, die nur an Computer glauben, dürften kaum in der Lage sein, das Rätsel von Nazca zu lösen.

Da ich mit meinen Gedanken abgeschweift bin, habe ich nur undeutlich gehört, was Phyllis noch gesagt hat. Mir fällt es auch schwer, ihr Amerikanisch zu verstehen. Erst als ich aus ihren schnell hingeschnurrten Sätzen ein mir bekanntes Wort heraushöre, bekomme ich wieder Anschluß. Sie spricht von *ray-centres*, den strahlenförmigen Zentren. Von Maria Reiche weiß ich, daß sie mehrere dieser eigenartigen Liniensysteme entdeckt hat. Meist bildet ein Hügel den Mittelpunkt, von dem viele Linien strahlenförmig ausgehen. Entscheidend für die Interpretation scheint mir zu sein, daß die

Die Autorin bei Filmarbeiten in der Steinwüste »San Jose«

verschiedenen Strahlenzentren miteinander durch kilometerlange Linien verbunden sind. Jemand kann also von einem Zentrum zum anderen gelangen, indem er den Verbindungslinien folgt. Vielleicht waren sie magische Plätze, zu denen die Menschen bei bestimmten Anlässen feierliche Prozessionen veranstalteten? Während in meiner Vorstellung die Strahlen von außen zum Mittelpunkt gerichtet sind, sieht Phyllis die Richtung gerade umgekehrt, von innen nach außen. Sie vermutet, daß an den Endpunkten der Strahlenlinien Sterne am Firmament standen. Wieder denke ich, daß die mythologisch-religiöse Erklärung von der astronomischen nicht zu trennen ist.

Ich stelle mir nächtliche Prozessionen vor. Für Menschen, die an Dämonen glaubten, muß es beängstigend gewesen sein, die Sicherheit ihrer Täler und Siedlungen zu verlassen und in die nachtschwarze Wüste hinaufzusteigen. Ihre Erregung wächst, je näher sie dem magischen Strahlenzentrum kommen. Dann stehen sie in der Mitte und beobachten den Sternenhimmel. Könnte es nicht sein, daß sie Linien und Sterne zu Weissagungen benutzt haben? Vielleicht sind die Zeichen von Nazca gar unseren Horoskopen vergleichbar.

Fünf Uhr morgens, noch lange vor Sonnenaufgang, fahren wir mit Phyllis zur Pampa San José. Linton steuert den klapprigen VW-Bus Marias. Um keine Zeichen zu zerstören, parkt er das Fahrzeug am Rande der Panamericana.

Schwer beladen mit der Filmausrüstung, folgen wir einer breiten Linie, die zur Figur der Spinne führen soll. Ich erlebe diesmal die Pampa anders als bei meiner einsamen Wanderung. War sie mir vor drei Tagen wie ein verzauberter, geheimnisvoller Ort erschienen, sehe ich jetzt nur eine steinige Ebene. Unsere Anwesenheit zerstört den Zauber, und unsere Stimmen lassen das Singen der Wüste verstummen. Jeder unserer Schritte wirbelt viel Staub auf. Ich wünschte, wir würden nicht in die Wüste eindringen. Einen Moment lang denke ich, ihre Ruhe sollte nicht entweiht werden und ihr Geheimnis bewahrt bleiben. Dann wird mir wieder bewußt, daß sie wahrscheinlich längst nicht mehr existieren würde, wären da Maria und viele andere nicht gewesen, die sie bekannt gemacht und für ihren Schutz gekämpft haben. Würde das Rätsel der Wüstenzeichen die Menschen nicht mehr interessieren, käme vielleicht wieder jemand auf die Idee, die Pampa zu bewässern und mit Baumwolle zu bepflanzen.

Nur mühsam bewegen wir uns vorwärts. Schwer tragen wir an Stativ, Kamera und Filmmaterial, Objektiven, Filtern und Tonbandgerät. Endlich stehen wir vor der 46 Meter langen Spinne. Obwohl sie eine der kleinen Figuren ist, können wir sie nicht erkennen und sehen nur flache Furchen, kaum fünf Zentimeter tief. Phyllis ist wie Maria der Meinung, daß die Spinne das Sternbild des Orion verkörpert, denn eine Linie, die mitten durch die Spinne führt, sei auf den Orion gerichtet.

Phyllis demonstriert, wie einfach die Zeichen hergestellt werden konnten. Sie säubert mit ihrer Hand eine kleine Fläche und schon leuchtet der helle Untergrund auf.

Für den Kameramann ist es eine schwer zu lösende Aufgabe, hier optisch interessante Bilder einzufangen. Die einförmige Weite, die

Phyllis Pitluga benützt Holzplatten, um keine Fußabdrücke zu hinterlassen

bei meiner Wanderung so faszinierend war, sieht durch das Objektiv der Kamera flach und leblos aus. Und die Ausstrahlung von Phyllis, die im Hotelgarten so attraktiv wirkte, verblaßt vor dem Hintergrund der Ferne. Bei einer Totalen wird sie vom Ausmaß der Ebene erdrückt, bei einer Nahaufnahme sieht sie unsicher und steif aus wie ein Mensch aus der Zivilisation, der sich in die Wildnis verirrt hat.

Jacob verändert den Kamerastandpunkt. Er versucht es mit der Froschperspektive oder fährt dann das Stativ auf maximale Höhe aus. Aber kein Aufnahmetrick hilft. Das Motiv bleibt reizlos und uninteressant.

Phyllis hat sich auf ihre Rolle in unserem Film gut vorbereitet und weiß, zu welchen Fakten sie sich äußern will. Sie ist schon von amerikanischen Fernsehteams gefilmt worden, die ihre Arbeit schnell gemacht haben und wenig auf ihren Filmverbrauch Rücksicht nehmen mußten. Deshalb versteht sie unser Zögern nicht. Ungeduldig schaut sie zu, wie wir die Kamera hierhin und dorthin tragen. Sie befolgt verwundert meine Anweisungen, sich auf einen

Stein zu setzen, sich neben eine Linie zu stellen oder von einer bestimmten Seite ins Bild zu gehen.

Die Sonne brennt bereits unangenehm heiß herab, und wir haben noch immer nicht die Lösung, wie wir die Sequenz »Wüste mit Wissenschaftlerin« darstellen könnten.

Phyllis fragt genervt: »Warum filmt ihr denn nicht? *What's the matter?*«

Voll mit dem Regieproblem beschäftigt, stammle ich auf englisch eine Erklärung.

Phyllis winkt ab und sagt: »Laßt uns zur Spirale gehen. Dort kann ich *action* machen und zeigen, wie die Figur angelegt wurde.«

Wieder schleppen! Schwer hängen die Gerätekoffer an meinen Händen, und mir scheint, meine Arme werden lang und dünn wie die des Affen. In der Hitze flimmert die Luft, und schlierenartige Trugbilder flirren in der Ferne – wie eine wabernde Ölschicht.

Schließlich gelangen wir zur Spirale. Schneller, als wir die Kamera aufgebaut haben, hat Phyllis drei Pfosten mit einem Holzhammer in den Boden getrieben. Ihr ist anzumerken, daß sie möglichst bald der Glut der Wüste entkommen und ins klimatisierte Hotel zurückkehren möchte. Während sie die mitgebrachte Schnur entknotet, assistiere ich Jacob. Wir müssen Licht messen, den richtigen Filter wählen, Schärfe und Blende einstellen, den Ausschnitt festlegen und das Tonbandgerät aufnahmebereit machen.

Fertig! Aufnahme! Ich gebe Phyllis das verabredete Zeichen. Sie befestigt die Schnur an einem Pfosten und erklärt, wie die Spiralform konstruiert worden ist.

Plötzlich ruft Jacob: »Stopp!« Fassungslos schaut er auf die Kamera, die sich ohne sein Zutun abgeschaltet hat. Dann plötzlich, wie von Geisterhand berührt, springt der Kameramotor wieder an und dreht durch. Eine irrwitzige Situation. Die einzige Möglichkeit, die Kamera zum Stillstand zu bringen, ist, die Batterie abzukoppeln. Endlich – die Raserei hört auf. Wir atmen durch und schließen die Batterie von neuem an. In dem Moment, in dem der Kontakt geschlossen ist, setzt sich der Motor wieder selbsttätig in Betrieb und jagt den teuren Film durch. Bei unserer Kamera, einer schon legendär zuverlässigen »Arriflex«, nicht erklärlich.

Zurückgekehrt ins Hotel, nimmt Jacob die Kamera auseinander und setzt sie wieder zusammen. Der Zustand bleibt unverändert: Sobald sie an eine Energiequelle angeschlossen wird, rattert sie los! Offensichtlich ist der Steuermechanismus gestört. Eine Reparatur ist hier nicht möglich. Der Fehler steckt im elektronischen Print und kann nur von Spezialisten mit Spezialgeräten untersucht und behoben werden.

Ich habe das Gefühl, eine unwirkliche Situation zu erleben, wie in einem Alptraum: die langen Vorbereitungen, die weite Reise – der Flug von Deutschland nach Peru –, die Ankunft in Lima und die Abfahrt nach Nazca, bei der uns das Tonband gestohlen wurde, und nun, beim ersten Drehtag in der Wüste – eine kaputte Kamera!

9 Bevor die Spanier kamen

Nur wenige Tage sind vergangen, seit ich mich dem lehmgelben Himmel von Lima entkommen glaubte. Jetzt sehe ich ihn schon wieder über mir. Wie von einer Riesenkrake fühle ich mich von Lima umschlungen und atme keuchend die feuchte und stinkende Luft, die sie ausschwitzt.

Jede Stadt hat ihren eigenen Geruch. Lima würde ich selbst mit verbundenen Augen an ihrem Gestank erkennen. Es ist eine Mischung aus Staub, Öl, Benzin, verkohltem Gummi und verbranntem Abfall – die Ausdünstung einer kranken Stadt mit krebsartigem Wachstum.

Als Maria Reiche im Jahr 1932 nach Peru kam, war Lima noch eine liebenswerte Ortschaft. Das Meer und die Strände waren sauber und die Luft noch nicht mit Abgasen verpestet. Es ließ sich gut leben in Lima.

Wir mußten in die Hauptstadt zurückkehren, um Ersatz für die kaputte Kamera zu finden. Aus Marias großem Freundeskreis haben wir viele Adressen bekommen, doch niemand kann uns weiterhelfen. Wir müssen uns deshalb mit dem Kamerahersteller in Deutschland in Verbindung setzen. Die telefonische Vermittlung klappt erst nach Stunden mitten in der Nacht, wegen der Zeitverschiebung.

Wir erhalten die beruhigende Zusage, daß mit der nächsten Linien-
maschine eine Ersatzkamera abgesandt würde – in zwei Tagen schon
müßte sie ankommen.

Wir nutzen die Wartezeit und gehen ins *Museo de Arqueologia
Nacional*. Da wir wissen, daß im Gebiet um Nazca zahlreiche archäologische Funde gemacht wurden, hoffen wir, im Museum etwas
mehr über die Schöpfer der Wüstenzeichen zu erfahren.

Das Museum spiegelt die verschiedenartige und reiche Vergangenheit Perus. Viele Völker, oft mit erstaunlich hoch entwickelten
Kulturen, haben hier gelebt. Sie wurden besiegt, von anderen über-
lagert, bis diese auch verschwanden. Viel zuwenig ist erhalten geblieben, und schriftliche Überlieferungen gibt es nicht, da die alten
Völker Perus keine Schrift kannten.

Die einzige ergiebige Informationsquelle sind die Gräber und die
Grabbeigaben. Keramik, Gewebe, Schmuck und Werkzeuge geben
Auskunft über Kultur, Religion und Lebensumstände. Bevor aber
die Archäologen kamen, waren die meisten Gräber schon entdeckt
und ausgeraubt von *huaqueros*, Grabräubern, meist armen Landar-
beitern, die versuchten, mit dem Verkauf der Grabbeigaben die
Existenz ihrer Familien zu sichern. Selbst die Museen beschafften
sich ihre Exponate lieber billig bei den *huaqueros*, als eigene, teure
Ausgrabungsprojekte zu finanzieren. So wurden oft genug wichtige
Hinweise vernichtet, mit denen wir die Vergangenheit heute besser
verstehen könnten. Außerdem ist die Spurensuche wegen der Eroberung Südamerikas durch die Spanier sehr erschwert. Wie von
einer zerstörerischen Flutwelle wurden die Kulturen Südamerikas
weggefegt, und von den wenigen Menschen, die der Ausrottung
entkamen, konnten kaum Kenntnisse an die Nachgeborenen weiter-
gegeben werden.

Das *Museo de Arqueologia Nacional* zeigt nicht die Schwierigkeiten bei der zeitlichen und sachlichen Zuordnung, nicht die Lücken
unseres Wissens und beantwortet nicht die vielen offenen Fragen.
Der Besucher des Museums bekommt die Vergangenheit übersicht-
lich geordnet und deutlich gegliedert dargeboten. Über dem Eingang
hängt eine Zeittafel, in der jede Kulturstufe mit ihrem Anfang und

Ende verzeichnet ist. Sie vermittelt den Eindruck, als wüßten wir genau Bescheid über die Vorzeit, als läge vor uns ein aufgeblättertes Geschichtsbuch.

Folgt man dem Rundgang im Uhrzeigersinn, gelangt man von einem Kulturvolk zum nächsten. Für jede Entwicklungsstufe gibt es einen gesonderten Raum. Die Gegenstände, die die Zeit überdauert haben, sind geordnet, gruppiert und sortiert. Auf großformatigen Karten ist der Fundort markiert. Beleuchtete Farbfotos zeigen, wie die Landschaft heute aussieht. In Vitrinen, auf Tischen und an den Wänden liegt, steht und hängt, was übriggeblieben ist von den Menschen vergangener Zeiten, von ihrem Dasein und Wirken.

Im ersten Raum sind Steinwerkzeuge ausgestellt: Schaber, Faustkeile, Pfeilspitzen. Die meisten Steingeräte wurden in der Höhle Pikimachay bei Ayacucho in den Anden gefunden. Mit der Radiokarbon-Datierung stellten die Archäologen fest, daß dort schon vor 22 000 Jahren Menschen gelebt haben. Die Steinzeitmenschen jagten Tiere, die heute ausgestorben sind: Riesenfaultiere, Urpferde und Urkamele. Sie sammelten Wurzeln, Früchte und Insekten. Um ihre Ernährung zu sichern, mußten sie große Gebiete jagend und sammelnd durchstreifen.

Noch immer sind viele Wissenschaftler der Meinung, daß die Vorfahren aller Ureinwohner Amerikas über die Beringstraße, die Meerenge zwischen Alaska und Asien, eingewandert seien. Das soll vor mindestens 40 000 Jahren gewesen sein, während der letzten Eiszeit, als der Meeresspiegel sehr niedrig war und deshalb eine Landbrücke zwischen den zwei Kontinenten bestand. Obwohl die steinzeitlichen Menschen Boote besaßen – wie ihre Höhlenzeichnungen beweisen –, trauen ihnen die meisten Wissenschaftler anscheinend keine nautischen Fähigkeiten zu. Da es in Nordamerika genügend Raum für Besiedlung gab, ist es für mich unverständlich, warum einige Stämme weiter nach Süden gezogen sein sollen, Risiken und Strapazen auf sich nahmen, Sümpfe, Urwälder und reißende Flüsse durchquerten, um über eisige Andengipfel nach Südamerika vorzudringen. Und noch immer soll die Wanderlust mancher Gruppen ungebremst gewesen sein, denn sie blieben nicht in den klimatisch günstigen Gebieten, sondern sollen weitermarschiert sein, und zwar bis zum letzten Zipfel Südamerikas, bis nach Feuerland.

Ein einziger Blick auf die Weltkarte zeigt, daß es so nicht gewesen sein kann. Es muß mehrere Wellen von Einwanderern aus verschiedenen Richtungen gegeben haben. Aber auf welchen Wegen auch immer die Menschen eingedrungen sind, über Land oder über Wasser, mit Sicherheit läßt sich sagen, daß alle Ureinwohner Südamerikas der asiatischen Rasse angehören.

Mit dem Ende der Eiszeit veränderte sich das Klima – es wurde wärmer und trockener, und die großen eiszeitlichen Säugetiere starben aus. Die Menschen mußten sich an die neue Situation anpassen. Da sie nun seltener Jagderfolg hatten, begannen sie allmählich Pflanzen anzubauen. Aus den Abfällen, die sie in den Höhlen hinterließen, kann man die Änderung ihrer Lebensweise gut verfolgen. Schon 6500 Jahre v. Chr. wurden Bohnen kultiviert und über weite Entfernungen gehandelt. Sie gelangten von der Ostseite der Anden nach Westen. Bald gab es mehrere Kulturpflanzen: Kürbis, Pfeffer, Paprika, Erdnuß, Avocado, Baumwolle und Kartoffeln. Außerdem züchteten die Menschen Haustiere: Lamas, Alpakas, Meerschweinchen und Hunde. Sie töpferten und webten. Die wichtigste Errungenschaft aber war der Mais. Er sicherte die Ernährung vieler Menschen, weil er sehr ertragreich und lagerfähig war. Lebten vorher nur wenige Familien zusammen, so konnten nun, mit dem Anwachsen der Bevölkerung, große Siedlungen, ja sogar Städte entstehen.

Im zweiten Raum des Museums ist die erste Hochkultur Perus dargestellt, die Chavin-Kultur (1800 bis 200 v. Chr.). Benannt ist sie nach einem kleinen Ort, Chavin de Huantar, 3200 Meter hoch in den Anden gelegen. Auf dem Foto sehe ich die Ruinen eines monumentalen Steintempels. Wie konnten die Menschen damals die tonnenschweren Steinquader überhaupt transportieren? Wie konnten sie, ohne Werkzeuge aus Eisen, derart perfekt glatte Flächen und exakte Kanten an Pfeilern und Stelen herstellen? Rätselhaft sind auch die tief in die Felsen gehauenen Räume mit ihren ausgeklügelten röhrenartigen Belüftungsschächten.

Lange stehe ich vor einer zwei Meter hohen Stele, die mit einem Flachrelief verziert ist. Die Eingravierungen in den harten Stein sind unglaublich fein und genau ausgeführt, kaum eine Stelle ist freigelassen. Die dargestellte Figur ist furchterregend: ein Dämon mit fletschenden Reißzähnen. Der Stirn entspringen vier hörnerartige Gebilde, und auf dem Kopf thront ein meterhoher Aufsatz mit weiteren Dämonenhäuptern. In welchem Tempel diese Chavin-Gottheit ursprünglich stand, ist nicht bekannt. Der peruanische Forscher Raimondi entdeckte sie in einer indianischen Hütte. Sie lag dort zu einem Tisch umfunktioniert, mit der Reliefseite nach unten.

Die Chavin-Kultur ist für mich deshalb so erstaunlich, weil sie ohne Vorstufen voll entwickelt in Erscheinung trat. Plötzlich entstand da im Hochgebirge ein religiöses Zentrum, weitab von jeder Siedlung. Die Menschen, die das 75 mal 72 Meter große Bauwerk aus wuchtigen Steinquadern errichtet haben, müssen von weit her gekommen sein.

Der Kult von Chavin verbreitete sich über den Andenraum bis zur Küste und beeinflußte 1500 Jahre lang die Menschen in ihrer religiös-kulturellen Entwicklung. Es gibt keinen Hinweis, daß dem Chavin-Kult eine politische Einheit, im Sinne eines Reiches, zugrunde lag.

Ebenso unerklärlich, wie die Chavin-Kultur aus dem Dunkel der Geschichte aufgetaucht ist, verschwand sie auch wieder. Ich denke, dieser Eindruck entsteht nur deshalb, weil von der Vergangenheit so wenig erhalten geblieben ist.

Der nächste Raum bringt mich schon näher an die Nazca-Zeit. Nachdem die Chavin-Kultur ihren Einfluß verloren hatte, entstanden einzelne regionale Kulturen. Die bekanntesten sind die von Paracas, Mochica und Nazca. Alle drei befanden sich an der Küste. Ihre Existenz war aber weniger auf Fischfang begründet als auf Ackerbau mit einer hochentwickelten Bewässerungstechnik.

Der Museumsraum mit den Fundstücken aus Paracas interessiert mich besonders. Hier hängen wunderbare Stoffe. Die Gewebe sind von besonderer Feinheit und Kunstfertigkeit, die später nie mehr gelang. Fäden wurden so dünn gesponnen und so dicht verwebt,

daß man 200 Fäden pro Zentimeter zählt. Unsere modernen Web-
maschinen schaffen gerade 60 Fäden pro Zentimeter!

Mich bezaubern die Farben dieser Tücher. Obwohl sie über 2000
Jahre alt sind, leuchten sie noch wie einst. Mit viel künstlerischem
Geschick haben die Weber Farbtöne und Muster kombiniert. Mir
fällt auf, daß oft Tiere dargestellt sind: Fische, Vögel, Reptilien und
Affen – die gleichen Motive wie bei den Wüstenzeichen. Neben den
Tierfiguren schweben menschenähnliche Wesen. An ihrer Körper-
haltung ist deutlich zu erkennen, daß sie durch die Luft fliegen,
gleich Geistern und Dämonen.

Für mich sind diese Tücher von besonderer Bedeutung, weil
Maria Reiche bei der Konservierung dieser empfindlichen Gewebe
geholfen hat. Bevor sie nämlich mit ihrer Arbeit an den Wüstenzeichen begann, hat sie für den Archäologen Julio Tello gearbeitet. Der
Peruaner entdeckte auf der Halbinsel Paracas, etwa auf halber
Strecke zwischen Lima und Nazca, eine Begräbnisstätte. In bis zu
sieben Meter tiefen Totenkammern fand er Mumienbündel, einge-
hüllt in dicke Schichten von Tüchern, eines prachtvoller als das
andere: Brokat, Gobelins, Schleier, Spitzen, Musseline und Sticke-
reien aus Baumwolle, Vikunjawolle und Vogelfedern. Viele hundert
Mumien wurden ausgegraben, doch bis heute weiß man nicht, wo
die Menschen gelebt haben, die dort beerdigt worden sind. Fotos
zeigen die Halbinsel: kein Wasser, nur grauer und roter Wüstensand. Da wächst kein Strauch, kein Grashalm. Hier konnte niemand
existieren, die Gegend war immer nur ein Totenreich.

Und da ist er endlich, der Saal mit den Fundstücken aus Nazca.
Aufgeregt laufe ich durch den Raum – und bin enttäuscht. An den
Wänden hängen zwar Luftaufnahmen der Wüstenzeichen, aber es
gibt keine Fundstücke, die beweisen könnten, daß es Menschen der
Nazca-Kultur waren, die sie gemacht haben. Vielleicht habe ich
etwas übersehen? Ich fange noch einmal von vorn an und gehe
aufmerksam und langsam von Vitrine zu Vitrine. Nur die Figuren
auf den Tongefäßen lassen einen Zusammenhang ahnen, denn die
Motive sind die gleichen wie auf der Pampa: Spinnen, Fische, Kolibris, Kondore, Pelikane, Affen. Eine Zeittafel gibt Auskunft über

Darstellung eines Affen auf einem Gefäß der Nazca-Kultur

das Alter der Nazca-Kultur – 900 Jahre, von 300 v. Chr. bis 600 n. Chr. Das ist es dann schon; andere Erkenntnisse kann mir das Museum auch nicht vermitteln. Aber die Karten sehe ich mir noch genau an und notiere Stellen, an denen gegraben wurde. Sollten wir wieder in Nazca sein, will ich versuchen, diese Orte zu finden. Vielleicht kann ich dort mehr erfahren.

10 Zu Gast bei der Luftwaffe

Servicio Aerofotografico Nacicnal steht in großen Lettern auf dem Torbogen über dem Eingang. Ich habe ein flaues Gefühl im Magen, immerhin befinden wir uns auf militärischem Sperrgebiet. Die Luftbildstelle, abgekürzt SAN, ist eine Abteilung der peruanischen Luftwaffe. Aufgewachsen in einem Staat, der glaubte, seine Grenzen mit Mauern, Stacheldraht und Selbstschußanlagen sichern zu müssen, habe ich eine instinktive Abneigung gegen militärische Einrichtungen. Den Militärs in Südamerika mißtraue ich besonders, weil sie offensiver als in anderen Ländern Macht und Einfluß mißbrauchen. Dennoch wollen wir Maria Reiches Rat befolgen. Sie meinte, wir sollten unbedingt zum SAN gehen, dort habe sie seit vielen Jahren Freunde, die uns bestimmt interessante Dokumente und Luftaufnahmen von Nazca zeigen könnten.

Nachdem wir die Sperre mit dem bewaffneten Posten passiert haben, erinnert das Gelände kaum mehr an ein militärisches Gebiet. Weiträumig sind die mehrstöckigen, langgestreckten Gebäude verteilt, dazwischen Rasen, Büsche und einige zerrupfte Palmen. Wenn nicht vereinzelt Menschen in Uniform zu sehen wären, könnte man es auch für einen Universitätskomplex oder ein wissenschaftliches Institut halten. Ohne Aufpasser können wir uns frei bewegen und unseren Weg gehen. Bald haben wir das Verwaltungsgebäude des SAN gefunden.

Wir treten ein und gelangen in einen hellen Raum mit vielen Schreibtischen und Arbeitsplatten. An Stellwänden sind Luftaufnahmen angepinnt und vereinzelt auch Satellitenfotos. Nur drei Männer arbeiten in dem riesigen Zimmer. Sie dürften alle um die 60 Jahre alt sein. Ohne Uniform wirken sie nicht wie Militärs. Ich stelle uns vor, erzähle vom Filmprojekt und bestelle Grüße von Maria.

»Wie geht es ihr denn? Maria war leider seit langem nicht mehr hier. Wir haben gehört, sie sei krank?« fragt einer.

Sie nehmen sich Zeit für uns. Die Arbeit kann warten, denn Maria schicke ihnen schließlich nicht jeden Tag Gäste. Stolz zeigen sie uns die ersten Luftbilder vom Gebiet um Nazca aus dem Jahr 1939. Es sind sensationelle Aufnahmen, die besten, die ich bisher gesehen habe. Gestochen scharf und kontrastreich zeigen sie Ausschnitte des 500 Quadratkilometer großen Wüstenplateaus, durchzogen von tiefen Trockencañons und unterbrochen von Bergkuppen. Dazwischen die weiten ebenen Flächen, überdeckt von einem Dekor aus Linien, Vierecken, Trapezen und Dreiecken. Mir fällt auf, daß keine Fahrzeugspuren zu sehen sind. Die Zeichen waren damals noch unberührt, rein und sauber.

Geheimnisvoll folgen die geometrischen Muster einem rätselvollen Plan. Pfeilgerade klettern sie an steilen Hügelrücken empor, kreuzen einander, enden jäh an einem trockenen Cañon und laufen jenseits schnurstracks weiter. Dazwischen eingebettet sind die Tierzeichnungen. Auch wenn man das noch so oft gesehen hat – der Anblick bleibt unwirklich. Es gibt nichts Vergleichbares auf der Erde! Wahrscheinlich hält sich die Spekulation vom Besuch Außerirdischer deswegen so hartnäckig, weil die Wüstenzeichen aussehen, als könnten Menschen sie gar nicht geschaffen haben. 1944 setzte der SAN Spezialflugzeuge ein, und mit einer großformatigen Glasplatten-Kamera wurde das ganze Gebiet systematisch fotografiert. Die Kamera, eine »Williamson«, haben sie bis heute aufbewahrt. Sie ist so schwer, daß ich das Ungetüm kaum heben kann. Auch das Flugzeug existiert noch; es steht auf dem Militärgelände im Freien.

Schließlich wird uns der Pilot vorgestellt, ein heute fast achtzigjähriger Mann. Stolz leuchtet in seinen Augen, als er uns von seiner Fliegervergangenheit erzählt. Aus seiner Brieftasche holt er einen vergilbten Zeitungsausschnitt hervor. Sorgfältig entfaltet er das Papier und streicht es glatt. Er tippt auf eine Abbildung: Ein junger Mann, sportlich und hochgewachsen, in Fliegermontur, steht leger neben seiner Maschine. »Das bin ich!« sagt er. Seine Stimme klingt selbstbewußt, doch sein leichtes Lächeln scheint mir Wehmut auszudrücken, weil die Abenteuer der Jugend so schnell und unwiederbringlich vorbei sind.

Unsere Gastgeber haben inzwischen einen starken Kaffee gebraut. Die Männer erzählen von Maria: »Sie ist eine besondere Frau. Wir bewundern sie sehr, und wir mögen sie alle. Sie hat oft hier im Labor gearbeitet, nächtelang Fotos entwickelt, Pläne gezeichnet und mit uns diskutiert. Wir haben viel von ihr gelernt.«

Anekdoten werden aus der Erinnerung hervorgeholt: »Sie kam an mit einer kleinen Umhängetasche. Die Tasche war vollgestopft mit Bananen und Nüssen. Wir wunderten uns. Einige meinten, sie wolle irgendwelche Tiere füttern. Zu unserer Verblüffung war das ihre Verpflegung. Sie aß die ganze Zeit nichts anderes als Bananen und Nüsse. Sie erklärte uns, diese Nahrung enthalte alle wichtigen Stoffe und sei zudem auch noch billig.«

Maria nach ihrem spektakulären Flug über die Wüste, bei dem sie außen am Hubschrauber festgebunden war

»Am tollsten war, wie sie, auf den Kufen eines Hubschraubers festgebunden, durch die Luft flog.«

»Ja, sie ist sehr mutig. Keine andere Frau hätte das je gewagt«, bestätigen die anderen.

»Wie war das denn mit dem Hubschrauber?« frage ich, um die ganze Geschichte zu erfahren.

»Wir haben Maria öfter zu Trainingsflügen mitgenommen. Das hat ihr sehr geholfen, einen Überblick über ihr Untersuchungsgebiet zu bekommen. Doch aus der Flugzeugkanzel konnte sie keine guten Fotos machen. Da hatte sie die Idee mit dem Hubschrauber. Er war für eine amerikanische Gesellschaft zur Schädlingsbekämpfung in den Baumwollfeldern eingesetzt. Sie bekam von der amerikanischen Botschaft die Genehmigung für einen Flug und von uns eine Kamera, eine ›Airial Fairchild‹. Maria besorgte sich ein Brett und Stricke. Das Brett wurde über die Kufen des Hubschraubers gelegt. Sie setzte sich drauf und ließ sich von dem Piloten festbinden. Nur so konnte sie mit der Kamera wirklich senkrechte Aufnahmen machen.«

»Sie kam anschließend zu uns, hat hier ihre Fotos entwickelt und vergrößert. Sie war begeistert und glücklich. Sie sagte: Nirgendwo auf der Welt kann man so gut arbeiten wie in Südamerika. Wo sonst würde man eine alte Frau wie mich außen an einem Hubschrauber festbinden und in die Luft befördern.«

»Es stimmt aber nicht, daß sie alt war«, wirft sofort einer der Männer ein.

»Nach Jahren gezählt war sie schon über fünfzig, aber mit ihrer Energie und Begeisterung hat sie immer viel jünger gewirkt«, sagt ein anderer.

»Sogar jünger als ich«, bestätigt der achtzigjährige Pilot.

11 Rückfahrt nach Nazca

Bereits am frühen Morgen gleicht der Autoverkehr in Lima einem brodelnden Kessel. Die Straßen sind vollgestopft mit Fahrzeugen, die sich hupend und blinkend ihren Weg bahnen und schwarze Rußwolken, Auspuffqualm und Benzingestank in unerträglichem Ausmaß produzieren.

Ich sitze als Beifahrerin in dem gemieteten »Falcon«, mit dem wir nach Nazca zurückfahren. Wir hoffen, schneller als mit dem Bus zu sein. Außerdem brauchen wir in Nazca ohnehin ein Fahrzeug, um die Filmausrüstung an die Drehorte zu transportieren.

Die Chefin der Verleihfirma, eine zarte Asiatin, erschien mir wie ein ätherisches Feenwesen. Ich war bezaubert von ihrem Anblick. Als geeignete Umgebung für sie stellte ich mir einen stillen Waldsee vor oder einen blühenden Pfirsichgarten. Sie könnte Blumengestecke binden oder Tee in hauchdünne Schalen füllen, aber niemals Autos verleihen, ölverschmierten Mechanikern Befehle geben oder deren Arbeit kontrollieren. Ich beobachtete sie neugierig. Sicher und flott stellte sie den Berechtigungsschein aus, kontrollierte genauestens unsere Ausweise, kassierte die Anzahlung und die Versicherungsgebühr.

Alles geschah mit Leichtigkeit und Anmut. Ihre Hände berührten und wendeten die Papiere, als wären es Blütenblätter. Doch bald spürte ich, daß da kein zerbrechliches Wesen agierte, daß sich vielmehr hinter ihrer Zartheit Tatkraft, Entschlossenheit und ein fester Wille verbargen. Als sie uns dann den Wagen zeigte, überprüfte sie ihn auf seine Fahrtüchtigkeit. Es ging so schnell, daß ich ihr mit den Augen kaum folgen konnte: Motor, Räder, Zündung, Vergaser – alles inspizierte sie wie ein Windhauch und doch so gründlich, daß sie einen kleinen Fehler entdeckte. Ruhig und bestimmt rief sie einen Mechaniker und erklärte ihm mit knappen Worten, was er zu tun hatte.

Jacob lenkt den Wagen unbeirrt durch den Verkehrsdschungel. Er kommt mit der verrückten südamerikanischen Fahrweise gut zurecht, besser als mit der deutschen. Er behauptet sogar, die Südamerikaner würden rücksichtsvoller fahren, sie gäben dem anderen immer eine Chance und würden nicht wie deutsche Fahrer auf ihr Vorfahrtsrecht pochen. Das können sie auch gar nicht, denn hier regelt sich der Verkehr ohne Rechte und Vorschriften.

Allmählich erkenne ich in diesem Chaos der rollenden Autokarossen ein System, und zwar ein intelligentes und natürliches. Die Fahrer kommunizieren miteinander, halten Blickkontakt, geben Handzeichen, reagieren blitzschnell aufeinander und schätzen sekundenschnell Absicht und Fahrweise des anderen ein. Autofahren ist in Lima und in den anderen großen Städten Südamerikas eine Schulung fürs Überleben. Fast macht es mir Spaß, dieses Sinnbild des Lebenskampfes zu beobachten. Ausweichen und überholen, nebeneinanderfahren und beschleunigen, nur keinen Zwischenraum lassen. Weich und fast spielerisch fließt der Verkehr und ist doch voller Spannung und Gefahr. Selten verringert jemand die Geschwindigkeit, und gebremst wird erst, wenn es eigentlich schon zu spät ist. Es stimmt nicht ganz, daß alle Autofahrer miteinander kommunizieren – es gibt einige, die fahren, als wären sie allein auf der Straße. Sie können sich das leisten, weil sie durch die PS-Stärke ihres Wagens den anderen überlegen sind. Jeder weicht ihnen aus, wie einem alles niedertrampelnden Nashorn, und so haben sie immer freie Fahrt. Dann sind da noch die schrottreifen Autos, von der Härte des Verkehrs fast schon zerstört. Sie werden mitleidlos an den Rand gedrängt.

Lieber würde ich dieses Schauspiel von einem sicheren Platz aus betrachten, deshalb bin ich froh, daß wir die Ausfallstraße nach Süden endlich gefunden haben.

Schmal führt die Panamericana durch eine trostlose Landschaft. Der Nebel liegt dicht und feucht über der Küste. Die Wellen des Pazifiks rollen schmutzig braun am Strand aus. Dort stehen armselige Hütten, kleine Quadrate aus Mattengeflecht. Es sind die Slums, die Elendsgebiete von Lima. Diese »wilden« Siedlungen sind zwar verboten, doch die Bewohner haben keine andere Wahl. Wenn die Polizei kommt, um sie mit Bulldozern zu vertreiben und die Hütten anzuzünden, raffen sie zusammen, was zu retten ist, ziehen ein paar Kilometer weiter und errichten dort wieder ihre kläglichen Behausungen. Selbst die Abhänge der sonnenverglühten Sandhügel sind mit Hütten bedeckt.

Vor diesem Elend verwandelt sich Mitleid in Lüge, wirkt Hilfe anmaßend und verhöhnend. Kirchliche und private Organisationen versuchen zwar, die Not zu lindern, aber da hilft keine Samaritertätigkeit, keine Spendensammlung und keine Aktion »Ein Herz für die Ärmsten«. Zuerst müßten die Ursachen erkannt und beseitigt werden!

Auf die Stätten menschlichen Elends folgen die der Tiere: die grauen, fensterlosen Zementsilos der Geflügelfarmen, die nur mit schmalen Schlitzen belüftet werden. Die Luft vibriert von dem hysterischen Kreischen. Es hört sich an, als würden Glas und Metall zerrieben. So hoch und schrill sind die Töne, daß sie selbst durch die Betonwände nach draußen dringen, bis zur Straße. Die Geflügelfarmen verbreiten nicht nur einen Höllenlärm, sie verströmen auch einen bestialischen Gestank von faulenden Fischen und Muscheln – dem Futter der Hühner. Wir schließen die Fenster unseres Wagens und fahren weiter nach Süden.

Die Landschaft wird jetzt beherrscht von Sanddünen. In sanften Wellen reiht sich eine Düne an die andere. Die Strahlen der Sonne sind früh am Morgen noch weich und modellieren die Formen der Sandberge. Ich erlebe die Fahrt jetzt anders als in dem klapprigen Bus, durch dessen staubige Scheiben ich nur wenig erkennen konnte. Ich habe das Fenster wieder heruntergekurbelt und genieße den warmen Luftzug. Wie ein weites Panorama liegt die Dünenlandschaft vor mir. Ihre Farben begeistern mich. Ich verspüre Lust, diese ineinanderfließenden Töne von Ocker und Sepia zu malen, diese ganze Skala von lichtem Gelb bis zu Dunkelbraun. Ich überlege, wie ich es wohl anstellen muß, daß die Sandwüste auf dem Bild nicht leblos und eintönig wirkt, sondern ebenso plastisch und reich an Farbnuancen, wie ich sie jetzt sehe.

Während ich mich diesen müßigen Betrachtungen hingebe, konzentriert sich Jacob auf die Straße und bemüht sich verzweifelt, wenigstens den größten Schlaglöchern auszuweichen. Er wird die ganze Strecke bis Nazca allein fahren müssen, da ich zu wenig Fahrpraxis habe.

In Gedanken bin ich nochmals in Lima, als wir frühmorgens auf unsere Ersatzkamera warteten, die sich an Bord der ersten Maschine aus Europa befinden sollte. Wir ahnten schon, daß es nicht leicht sein würde, die Kamera durch den Zoll zu bekommen, und hatten deshalb FOPTUR, die staatliche Touristenorganisation, um Hilfe gebeten. Sie stellte uns ihren besten Mitarbeiter zur Seite: Mario Vargas.

Mario ist ein untersetzter, sehr stämmiger junger Mann. In seinem runden Gesicht glänzen die schwarzen Augen wach und unternehmungslustig. Vielleicht unterschätzt ihn manch einer zunächst wegen seines pummeligen Äußeren, doch man merkt schnell, wie clever und gewitzt er ist.

Wir hatten Mario bereits bei unserer Einreise kennengelernt. Damals hatte er uns mit unserer umfangreichen Ausrüstung elegant am Zoll vorbeigeschleust.

Später waren wir Marios Gäste bei einer Familienfeier. Mario stellte uns seinen Eltern vor. Der Vater ist ein ernster, hagerer

Mann, die Mutter eine korpulente, burschikose, lebenslustige Frau.
Mario ist ganz offensichtlich ihr Liebling. Auch die Verlobte Marios
lernten wir kennen. Er präsentierte sie mit sichtlichem Stolz. Sollte
er die Absicht gehabt haben, eine Frau zu finden, die äußerlich
genau das Gegenteil von ihm ist, so ist ihm das bestens gelungen:
Sie ist blond, schlank, blauäugig und einen Kopf größer als er.

Die Mutter servierte Schalen mit Reis, Gemüse und Gebäck und
forderte alle zum Essen auf. Es imponierte mir, mit wie wenig
Aufwand es möglich ist, ein Fest zu feiern. Hier waren Menschen
zusammengekommen, um miteinander fröhlich zu sein – nicht, um
auf Kosten der Gastgeber lediglich ihre Mägen zu füllen.

Und dann erlebten wir, wie man mit einer einzigen Flasche Rot-
wein eine Gästeschar bewirten kann. Jedes Glas erhielt nur eine
kleine Menge Wein und wurde mit Wasser aufgefüllt. Die Musik
wurde laut gestellt, man räumte die Stühle beiseite und begann zu
tanzen. Die Mutter tanzte zuerst mit ihrem Sohn und dann mit den
andern Gästen. Sie wiegte sich elastisch in ihren breiten Hüften,
schnalzte mit der Zunge und zischte, als wollte sie einen Zug nach-
ahmen. Sie ließ es sich auch nicht entgehen, Jacob, der nicht gerade
ein begeisterter Tänzer ist, zum »Tanzvergnügen« aufzufordern.

Mario war überzeugt, daß er unsere Ersatzkamera auch diesmal
wieder problemlos durch den Zoll bringen würde. Doch sie kam
nicht als Handgepäck, sondern als Frachtgut. Die Auskunft eines
Zollbeamten war niederschmetternd. Einen Monat und länger
dauere es, bis ein Frachtstück ausgeliefert werde – es sei denn, wir
hätten besondere Vollmachten. Wir besprachen uns mit Mario und
erlebten ihn zum ersten Mal mutlos. Er konnte sich nicht erinnern,
daß es jemals gelungen sei, eine Fracht vorfristig auszulösen. Aber
schon siegte sein Optimismus. Seine schwarzen Augen blitzten, und
zuversichtlich behauptete er: »Wir schaffen es! *Vamos!* Los geht's!«

Schnell waren wir im Zentrum Limas. Mario dirigierte uns von
einem Amt zum anderen. Anfangs bemühte ich mich, zu verstehen,
doch es gelang mir nicht, die verschlungenen Beziehungen der
einzelnen Institutionen und der ihnen über- und untergeordneten
Stellen, der Neben- und Zwischenämter zu durchschauen. Bald

konnte ich die Räume und Gesichter nicht mehr auseinanderhalten. Verwirrend war, daß unser »Behördengang« keinen linearen Verlauf hatte; jedes Büro mußten wir mehrmals aufsuchen. Zuerst erhielten wir eine Vorempfehlung, damit gingen wir zu einer höheren Dienstbehörde, die gab uns eine Zwischenempfehlung, mit ihr begaben wir uns zur ersten Stelle zurück und empfingen einen Vorbescheid. Mit diesem mußte wir zur *Casa de la Cultura*, der Kulturabteilung, gehen. Dort unterschrieb jemand ein Vorformular, dieses war wieder der Schlüssel für eine Vorgenehmigung. In diesem Beamtenlabyrinth wären wir ohne Marios Hilfe nicht einmal bis zur ersten Tür vorgedrungen.

Fast einen ganzen Tag lang fuhren wir kreuz und quer durch die Hauptstadt. Der Tacho zeigte eine Strecke von 145 Kilometer an. Endlich glaubten wir, alle Unterlagen beisammen zu haben. Wir mußten uns beeilen, um vor Arbeitsschluß am Flughafen zu sein. Auf der Fahrt gestand uns Mario, daß eine Unterschrift noch fehlte, aber der Chef der zuständigen Abteilung sei gerade nicht in Lima.

Am Flughafen zurück, begann eine neue Odyssee. Wieder wurden wir von einem zum anderen geschickt. Immer ungeduldiger schauten wir auf die Uhr. Bald würde Feierabend sein. Doch Mario machte uns Mut: »Nur noch eine Amtsperson!«

Wir öffneten die letzte, die siebente Tür – und sahen in das Gesicht eines mürrischen Beamten. Gelangweilt blickte er von der Seite kurz auf unsere Papiere, schob sie beiseite und stieß nur ein einziges Wort aus: »*No!*»

Mario und Jacob schlichen bedrückt zum Ausgang. Da wagte ich einen Vorstoß. In glühender Rede berichtete ich von unserer Filmarbeit, von den uralten Zeichnungen einer geheimnisvollen Kultur, von Maria Reiche, die ihr ganzes Leben für die Erforschung des Rätsels von Nacza hingegeben hatte, von der elementaren Bedeutung unseres Films für Peru. Ich entwarf das Szenario einer Heldentragödie, ein Epos voller Hoffnung und Verzweiflung – und er, er sei der einzige, der mit einem Wort, mit seinem »Ja«, uns erlösen könne. Ich hätte wohl in meinem Eifer überhaupt nicht mehr aufgehört und war berauscht und hingerissen von der Dra-

matik meiner Rede. Da unterbrach mich der Alte mit einem kurzen
»*No!*«. Es klang feindselig und böse.

Mario schloß die Tür und meinte belustigt: »*Mi dios!* Himmel
noch mal! An dir ist ein Missionar verlorengegangen. Schade, aber
es gibt wohl keinen auf der Welt, der den überzeugen kann.«

Am folgenden Morgen begann die Ämterprozedur von neuem.
Mario schien nie die Geduld zu verlieren, und siehe – endlich
erhielten wir die fehlende Unterschrift: Die Sekretärin des abwe-
senden Chefs durfte plötzlich unterschreiben.

Am Flughafen, hinter der siebenten Tür, bekamen wir dann das
ersehnte »*Si!*« zu hören. Stolz erhobenen Hauptes gingen wir zur
Auslieferungshalle. Lange sah die Angestellte die Frachtbriefe
durch. Es schien Ewigkeiten zu dauern. Mir wurde mulmig im
Magen. Dann trat sie an den Tresen und sagte bedauernd: »Leider,
Ihre Lieferung ist nicht dabei!«

Aus Deutschland hatten wir die Bestätigung, daß die Kamera
abgeschickt worden sei, also mußte sie bei einer Zwischenlandung
verlorengegangen sein. Kostbare Zeit würde mit Nachforschungen
vergehen, Zeit, die uns gar nicht mehr zur Verfügung stand. Ich
wollte schon aufgeben, doch Jacob behielt die Nerven. Er bat die
Frau, selbst einen Blick in die Frachtbriefe werfen zu dürfen. Zö-
gernd händigte sie ihm die Papiere aus und meinte schnippisch:
»Meinen Sie etwa, ich bin blind?«

Unendlich langsam las Jacob Zeile für Zeile jedes einzelnen
Frachtdokuments. Eine Stunde verging, eine zweite brach an. Ich
hielt seine Mühe für sinnlos. Aber er strahlte viel Ruhe und Sicherheit aus, und so wagte es niemand, ihn zu stören.

Plötzlich zeigte er mit dem Finger auf ein Blatt: »Hier, da ist sie!
Da ist unsere Kamera!«

»*Imposible!* Unmöglich!« rief die Angestellte.

Es war der Frachtbrief eines Münchner Pharmaziebetriebes, und
mitten zwischen Arzneimitteln und medizinischen Geräten war
unsere Sendung aufgelistet: »Arri-Filmkamera + Ersatzprint für
Filmproduktion Jacob«.

Jetzt liegt sie auf dem Rücksitz des »Falcon«, sicher verpackt in
einem glänzenden Metallkoffer.

Noch am Vormittag erreichen wir die Provinzstadt Ica, 70 Kilometer von der Küste entfernt. Im Museum von Ica gibt es die umfangreichste Sammlung von Fundstücken der Nazca-Kultur. Vielleicht erfahren wir hier, wer die Schöpfer der Wüstenzeichen waren?

Das Regionalmuseum bekommt weniger Geld als das Archäologiche Museum in der Hauptstadt, deshalb sind seine Räume und die Einrichtung bescheidener. Dafür ist die Ausstellung mit großer Sorgfalt, mit viel Sachkenntnis und Liebe eingerichtet. Und der Besucher kann in Ica die Vergangenheit »hautnah« nacherleben, da nur die empfindlichsten Objekte hinter Glas gesichert sind.

Wir sind die einzigen Besucher. Der Museumsdirektor Alejandro Pezzia führt uns durch sein Reich. Er ist ein bekannter Archäologe, der ein mehrbändiges Werk geschrieben hat: *Arqueologia de la Provincia de Ica*. Im Hof des Museums hat er die Wüstenzeichen in verkleinertem Maßstab auf den Boden malen lassen. Eine eindrucksvolle Demonstration für die vielen, die sich keine Flüge über die Pampa leisten können.

Auch Alejandro Pezzia weiß nicht, wer die Zeichen geschaffen hat und welchem Zweck sie dienten. Er sei Wissenschaftler, und es liege ihm nicht, sich zu Spekulationen zu äußern – aber gesammelt hat er sie alle. Jede noch so kuriose und unglaubliche Äußerung notiere er, und seine Liste wird länger und länger. »Wir peruanischen Archäologen gehen vorsichtig mit Theorien um, doch wir vermuten, daß die Linien in Verbindung mit dem Fruchtbarkeitskult und dem Dämonenglauben standen«, sagt er. »Wissen Sie, ein Archäologe muß vor allem Geduld haben, sensationelle Erfolge sind in unserem Beruf äußerst selten. Die meisten setzen ein Leben lang Tonscherben zusammen und streiten sich mit ihren Kollegen über Klassifikationen und Stilphasen.«

Der Museumsdirektor ist ein bescheidener und zurückhaltender Mann, doch im Raum mit den Grabtüchern kann er seinen Stolz und die Freude über den Besitz der kostbaren und farbenprächtigen Gewebe nicht verbergen. Die eingewebten und aufgestickten Bilder sind nicht nur Schmuck. Wer die Motive deuten kann, der erfährt, wie die Menschen damals gelebt und woran sie geglaubt haben. Señor Pezzia zeigt und erklärt, was wir ohne ihn übersehen hätten:

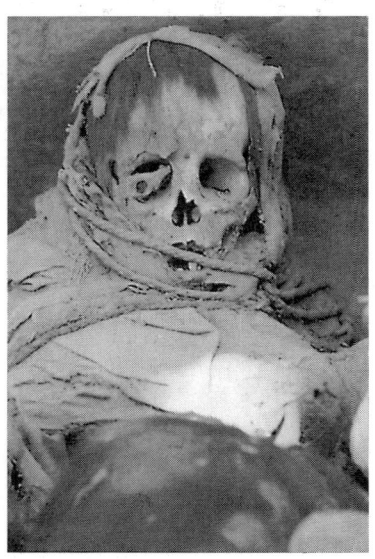

Mumifizierter Leichnam, verschnürt in einem Begräbnissack

»Sehen Sie, hier sind Trophäenköpfe dargestellt. In der Nazca-Kultur, und bei vielen anderen Völkern auch, war es üblich, aus den Köpfen getöteter Feinde Trophäen zu machen. Sie waren ein Siegeszeichen und erhöhten das Ansehen. Man glaubte, die Kraft der Toten würde auf den Besitzer der Trophäen übergehen.

»War das Volk von Nazca denn so kriegerisch? Ich hatte geglaubt, sie wären Bauern gewesen?« frage ich.

»Das eine schließt das andere nicht aus. Ackerbau war die Grundlage ihrer Existenz. Um neue Gebiete zu erobern oder sich zu verteidigen, führten sie Kriege mit Nachbarstämmen. In den Gräbern fanden wir Kriegsgeräte: Pfeile und Bögen und Keulen für den Nahkampf.«

Wir sind ein Stück weiter gegangen und betrachten ein anderes Tuch.

»Sehen Sie hier den Wal mit der Kopftrophäe?« fragt Señor Pezzia.

»Ja, wie im Museum von Lima. Können Sie uns denn sagen, warum ausgerechnet friedliche Wale mit Kriegstrophäen dargestellt werden?« fragt Jacob.

»Es gibt ja nicht nur harmlose Wale. Denken Sie an den Orca, der im Volksmund ›Killerwal‹ genannt wird. Und genau den finden sie auch in der Pampa von Nazca. Dieser Wal symbolisiert die Aggression, den Krieg, den Tod. Für die Menschen der Nazca-Kultur gab es einen Zusammenhang zwischen Tod und Fruchtbarkeit. *Pachamama* – so nennen die Indianer in den Anden noch heute die

›Mutter Erde‹ – brauchte Blut, um die Felder fruchtbar zu machen. Gefangene wurden häufig abgebildet mit Strömen von Blut, die aus ihren Körpern fließen. Vielleicht wurden die Kriege vor allem geführt, um Menschenopfer zu bekommen. Blut und Trophäenköpfe waren magische Mittel, um das Überleben des eigenen Volkes zu sichern. So waren Tod und Leben auf das engste miteinander verbunden.

Für verstorbene Stammesmitglieder wurde ein aufwendiger Totenkult betrieben. Ich glaube, dieser Totenkult beherrschte das Leben dieser Menschen vollständig. Es scheint, als hätten sie nur für diesen Kult gelebt. Die aufwendig gearbeiteten Stoffe und die unzähligen Tongefäße sind nie benutzt worden, sie wurden ausschließlich für das Begräbnis hergestellt. Es gibt sogar Hinweise, daß manchmal Familienangehörige, Frauen und Kinder, Freunde und Diener dem Verstorbenen in den Tod folgten, um auch im Totenreich mit ihm zusammenzusein und ihm zu dienen. Noch Jahre nach dem Tod umsorgten Angehörige die Mumien: Regelmäßig wurden Flüssigkeit und Nahrung in den Gefäßen nachgefüllt, und die Tücher wurden gegen neue ausgetauscht. Manchmal holte man die Toten auch heraus, damit sie an Festen teilnehmen konnten oder während der Dürrezeiten den Lebenden beistanden. Viele Gräber hatten seitliche Öffnungen, durch die sie leicht zugänglich waren, und jede Begräbnisstätte war mit Holzstäben markiert, je nach Anzahl der darin Begrabenen. Nur weil wir diese Gräber fanden, wissen wir heute überhaupt von der Nazca-Kultur.«

»Könnte es nicht sein, daß wir in unserer Vorstellung das Leben der damaligen Menschen zu sehr mit dem Tod verknüpfen, nur weil Archäologen ausschließlich auf diese Gräber fixiert sind?« fragt Jacob.

Señor Pezzia antwortet: »Das mag schon sein, aber außer ein paar Mauern aus *adobe*, den luftgetrockneten Lehmziegeln, und unbemalten Tonscherben ist ja von ihren Siedlungen kaum etwas übriggeblieben. Deshalb gilt unser Interesse hauptsächlich den Grabbeigaben.«

Im nächsten Raum des Museums sind Mumien ausgestellt. Im trockenen Wüstensand sind die Körper jahrhundertelang unversehrt erhalten geblieben. Die Schädel sind deformiert, die Stirn ist platt nach oben gedrückt und grotesk verlängert. Ein Modell zeigt, wie die Langschädel ihre Form erhielten: Holzbrettchen wurden mit Bändern am Kopf Neugeborener festgezurrt. Diese Vorrichtung mußten die Kinder so lange tragen, bis die Knochen die gewünschte Form hatten.

Schädeldeformation war bei vielen südamerikanischen Völkern üblich, nicht nur an der Küste, auch in den Anden, in Patagonien und in Zentral- und Mittelamerika. Es gab eine große Vielfalt von Formen, sogar zweihöckrige Schädel mit einer tiefen Furche in der Mitte. Über den Sinn dieser Deformationen weiß man nichts, es wird nur gerätselt. Ebensowenig ist bekannt, warum so viele Schädeloperationen vorgenommen wurden. Oft wurden mehrere Zentimeter große Knochenstücke aus der Schädeldecke herausgebrochen. Die Menschen haben die gefährlichen Eingriffe überstanden und um viele Jahre überlebt, wie das nachgewachsene Knochenmaterial an den Rändern der Löcher beweist. Vielleicht wurden die Schädel im Zusammenhang mit einem magischen Ritual geöffnet? Wie wenig wissen wir doch über diese rätselhaften Kulturen...

Wir fahren weiter südwärts, durchqueren eine unscheinbare Ortschaft nach der anderen. Hinter Santa Cruz dann windet sich die Straße in Serpentinen zu einem Tunnel hinauf. Es ist derselbe Tunnel, in dem vor Jahren Marias Turm steckengeblieben ist. Der Tunnel ist noch immer gleich schmal und kann daher nur einspurig befahren werden.

Nach weiteren fünfzig Kilometern Fahrt durch die sepiabraune, ausgeglühte Pampa führt die Straße wieder abwärts ins grüne Nazca-Tal. Dahinter erhebt sich eindrucksvoll ein Berg von sandheller Farbe. Es ist der Cerro Blanco, der weiße Berg. Während wir im schnurgeraden Straßenverlauf auf Nazca zurollen, kann ich meinen Blick nicht von ihm abwenden. Er sieht aus wie eine riesige Sanddüne. Ich schätze ihn auf 2000 Meter Höhe. Plötzlich ist der Wunsch da, auf den weißen Berg hinaufzusteigen. Ich weiß, daß ich es versuchen werde.

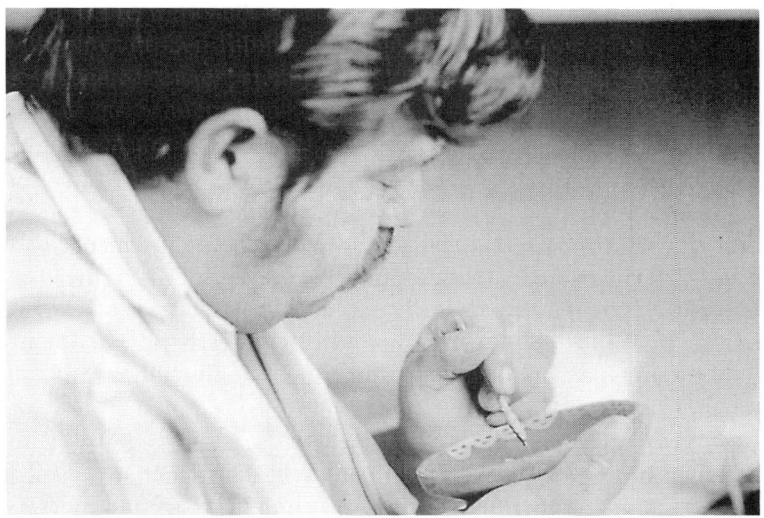

Originalgetreu nach Vorbildern der Nazca-Kultur bemalt Juan Carlos Benavides seine Keramiken

12 Der Blitz

In Nazca hat sich schnell herumgesprochen, daß wir einen Film drehen. Auch Señor Benavides hat davon gehört. Er lädt uns ein, seine Töpferwerkstatt zu besichtigen, seinen *Taller de Artesania*. Mit seiner großen Familie bewohnt er ein schmales Haus am Ufer des ausgetrockneten, steinigen Flußbettes des Rio Nazca. Die Werkstatt ist ein Schuppen aus Brettern. Dort, im Hinterhof, arbeitet er zusammen mit seinen zwei erwachsenen Söhnen. Auf den Wandregalen stehen Schüsseln, Schalen, Becher, Krüge und Vasen. Señor Benavides ist ein hagerer, grauhaariger Mann. Mit seinem langen Gesicht und der würdevollen Gestalt erinnert er an die Figur des Don Quichotte.

Er erzählt von seiner Leidenschaft für alte Keramik. Als Kind hat er den *huaqueros* beim Öffnen der Gräber zugeschaut. Die schönen Gefäße, ihre Formen und Farben beeindruckten ihn sehr, und er begann selbst zu töpfern. Seine Keramik sollte genauso aussehen wie die alte. Sein halbes Leben habe er nach der richtigen Tonerde und den Mineralien für die Farben gesucht, verschiedene Erden ausprobiert und gemischt. Viele Mißerfolge mußte er überwinden, doch nie gab er auf. »Ich mußte die Töpferkunst der Nazca-Kultur neu erfinden. Ich habe mich in ihre Köpfe versetzt, alles selbst herausbekommen, auch die richtige Temperatur zum Brennen«, sagt er stolz. »Den Brennofen habe ich den alten Töpferöfen nachgebaut, die bei den Ausgrabungen entdeckt wurden. Es ist schwierig, ihn mit Holzfeuer zu heizen. Die Zeit der Entdeckungen war für mich sehr mühevoll und lang, aber nun ist es geschafft, und meine Söhne können davon profitieren und mit der Töpferei ihre Familien ernähren.«

Er stellt uns seinen jüngsten Sohn, Juan Carlos, vor. Er hat kaum Ähnlichkeit mit seinem Vater, ist korpulent und hat einen faßrunden Bauch, glatte, pechschwarze Haare, braune Haut und indianische Gesichtszüge. Juan Carlos zeigt uns, wie ein kugeliges Gefäß geformt wird. Geschwind kneten seine Finger einen Batzen Ton. Er rollt ihn zu dicken Wülsten, legt sie kreisförmig aufeinander, Ring für Ring, und streicht sie von außen glatt. Im Nu entsteht eine gleichmäßig runde Kugel. Dann formt er zwei konische Röhren und setzt sie oben in das Gefäß ein. Mit einer Brücke verbindet er die zwei langen Röhren. Ohne Töpferscheibe, allein mit seiner Fingerfertigkeit hat er das Stück gestaltet, denn im alten Peru gab es ja auch keine Töpferscheiben.

»Diese Steigbügelhenkel stabilisieren die langen Ausgußröhren«, erklärt Benavides. »Solche kugeligen Töpfe fanden die *huaqueros* besonders häufig. Wahrscheinlich wurden kostbare Flüssigkeiten in ihnen aufbewahrt.«

Die Keramik muß jetzt noch trocknen und fest werden, danach wird sie bemalt. Das ist die Aufgabe des älteren Sohnes. Er sieht weder seinem Vater noch seinem Bruder ähnlich. Er ist schlank, seine Haut ist hell, und die braunen, gekräuselten Haare werden an den Schläfen bereits grau. Mit einem feinen Pinsel malt er die Fratze eines Dämons mit bleckenden Reißzähnen und heraushängender Zunge.

Der Töpfer Benavides hat herausgefunden, daß in der Nazca-Kultur elf verschiedene Farben verwendet wurden. Bis auf ein cremiges Weiß mit besonderer Leuchtkraft konnte er alle Farben in ursprünglicher Mischung herstellen.

Jacob fragt ihn, wo er denn die Mineralien für seine Farben finde.

»Sehr weit weg, hoch in den Bergen«, antwortet der alte Töpfer. Mein Interesse ist geweckt. »Auf dem Cerro Blanco?«

»Noch viel, viel höher«, erwidert er.

Um 5 Uhr, lange vor Sonnenaufgang, holen wir den Töpfer ab. Mit dem Auto wollen wir zur Fundstelle der Mineralien fahren, aus denen Señor Benavides seine Farben gewinnt. Nach 30 Kilometern ist die Asphaltstraße zu Ende. Dann geht es nur noch auf einer sandigen Kiespiste weiter. Wir wissen, daß in den Anden der »Leuchtende Pfad«, der *Sendero Luminoso*, aktiv ist, und fragen den Töpfer, ob Gefahr bestehe, den Terroristen unterwegs zu begegnen.

»Die *Senderos* sind überall in den Bergen«, sagt er mit einer Stimme, als wollte er uns beruhigen. »Niemand kann voraussehen, wo sie auftauchen. Hoffen wir, daß wir sie nicht treffen.«

»Haben Sie die *Senderos* schon mal gesehen?« frage ich ihn.

»Dann würde ich wohl nicht mehr leben«, meint er lakonisch.

Serpentine um Serpentine windet sich die Straße immer steiler und immer höher hinauf. Der Töpfer genießt es und macht es sich auf dem Rücksitz bequem. »Wie schnell das geht!« sagt er überrascht. »Zu Fuß brauche ich ganze fünf Tage für die Strecke.«

Der Straßenrand ist unbefestigt. Besonders enge und steil abfallende Kurven sind manchmal mit Steinen markiert, um wenigstens vor den gefährlichsten Stellen zu warnen. Nicht immer kann Jacob den tiefen Löchern ausweichen, mit denen die Straße perforiert ist. Und schon knallt es! Metallisches Scheppern übertönt den asthmatisch schnaufenden Motor. Wir müssen anhalten und nachsehen, was passiert ist. Die Straße ist schmal und unübersichtlich wegen ihrer vielen Windungen. Hoffentlich kommt nicht gerade jetzt ein Fahrzeug von oben.

Jacob stellt fest, daß der Auspuff aus der Halterung gebrochen ist und nun am Boden schleift. Einer von uns muß unter das Auto

kriechen und versuchen, ihn zu befestigen. Der »Falcon« liegt aber
viel zu tief auf der Straße. Mit dem Wagenheber gelingt es nur
mühsam, ihn etwas hochzustemmen. Ich als Kleinste soll jetzt
darunterkriechen. Skeptisch betrachte ich den verrosteten Wagenheber, der recht wackelig auf dem unebenen Kiesboden steht. Wenn
er abrutscht oder umknickt, wäre ich unter dem Fahrgestell einge-
quetscht. Vorsichtig schiebe ich mich auf dem Rücken in den schmalen Spalt zwischen Straße und Fahrzeug. Mein Hemd verrutscht,
und ich spüre, wie meine Haut über spitze Kiesel schabt. Ich habe
mich noch nie für Autos interessiert und sehe nun das erste Mal eins
von unten. Irritiert betrachte ich die vielen Metallteile, die Rohre,
Stangen, Bleche und Schläuche. Es stinkt nach verbranntem Gummi
und Benzin. Ich habe Angst, mich an irgendeinem heißen Teil zu
verbrennen. Noch zweifle ich, den Fehler beheben zu können – da
entdecke ich zu meiner Überraschung die baumelnde Halterung. Es
gelingt mir tatsächlich, das Aufpuffrohr wieder zu befestigen. Die
Fahrt kann weitergehen.

Sechzig Kilometer nach Nazca erreichen wir eine Höhe von 3500
Metern. Wir sind jetzt oben auf einem Plateau. Eine weiträumige
Steppenlandschaft öffnet sich vor uns. Vereinzelt stehen in der
Einöde kandelaberartig verzweigte Säulenkakteen, manche über
fünf Meter hoch. Tief unter uns, am Fuß des Gebirges, sehen wir die
hitzeflimmernde Pampa liegen. Von hier sind die Wüstenzeichen
nicht zu erkennen, weil der Blickwinkel zu schräg ist. Dafür habe ich
eine gute Aussicht auf den Cerro Blanco mit seinem langen Dünen-
grat. Dieser Berg fasziniert mich immer mehr, und der Wunsch, ihn
zu besteigen, wächst. Ich habe das Gefühl, von ihm geht etwas
Geheimnisvolles, Magisches aus. Im Unterschied zu allen Bergen
ringsum ist er der einzige, der mit hellem Sand bedeckt ist. Warum
hat sich gerade an dieser Stelle Sand abgelagert? Ob auch sein
Inneres aus Sand besteht?

Señor Benavides erzählt mir, die Leute würden sagen, man dürfe
nur bis zur Hälfte hinaufsteigen, sonst müßte man sterben. Einmal
habe er versucht, mit seinem Sohn Juan Carlos auf den Gipfel zu
gelangen. Plötzlich hätte sein Sohn Stimmen und eigenartige Laute
gehört und sich geweigert weiterzugehen.

Die Straße steigt noch immer an. Sie führt weiter hinauf zur Pampa Galeras, einer Hochgebirgssteppe. Eine Gruppe Vikunjas flieht panisch in weiten Sprüngen, als sie unser Auto bemerkt. Vikunjas sind südamerikanische Wildkamele. Sie haben zwar keine Fetthöcker wie Dromedare und Trampeltiere, gehören aber der gleichen Familie an, wie ihre Kopfform, die weiche, hängende Unterlippe und der für Kamele typische hochmütige Gesichtsausdruck beweisen. Die Herde hat sich rasch entfernt und ist in der Weite der Landschaft nur noch als brauner Punkt wahrnehmbar.

Da wieder! Diesmal direkt neben der Straße. Fünf auf einmal! Neugierig beäugen sie uns. Ihre Körper sind gespannt und bereit zur Flucht, aber noch sind die Köpfe auf den langen Hälsen dem Fahrzeug zugewendet. Tiefschwarz glänzen ihre Augen. In Südamerika sagt man von einem schönen Mädchen, es habe Augen wie ein Vikunja. Jetzt tritt ein Tier aus der Gruppe heraus und pfeift mit hellem, durchdringendem Ton. Sofort springen alle in weiten Sätzen davon.

Vikunjas wurden seit der spanischen Eroberung gnadenlos gejagt und fast ausgerottet. Das extrem feine Haar machte das Fell so wertvoll und begehrt. Nur wenige überlebten in den unzugänglichen Bergregionen. Erst in letzter Zeit gibt es Versuche der peruanischen Regierung, mit der Einrichtung von Schutzgebieten das Überleben der Wildkamele zu sichern. Die Pampa Galeras ist ein solches Schutzgebiet.

Als die Inka noch große Treibjagden auf die Vikunjas organisierten, geschah das nicht, um die Tiere zu töten, sondern der begehrten Wolle wegen. Sie kreisten eine Herde ein, trieben sie in Gatter und ließen die Wildkamele wieder frei, nachdem sie geschoren waren. Aus der Wolle webten sie federleichte Stoffe, die allerdings den Adligen vorbehalten waren.

Wir erreichen endlich die Pampa Galeras, mit 4000 Metern die höchste Stelle des Gebirgsplateaus. Ringsum der Kranz weißer Zakken schneebedeckter Berggipfel. Gleißend weiß brillieren sie vor dem tiefblauen Himmel.

Jacob stoppt den »Falcon«, und wir steigen aus. Die Luft ist dünn in dieser Höhe und kristallklar. Wer vom Tiefland heraufkommt, hat das Gefühl, in eine andere Welt einzutreten. Hier oben ist man dem Himmel näher. Die ungeheure Lichtfülle durchdringt die Stofflichkeit der Körper. Es ist, als würde man durchsichtig werden und als wäre man der Erdenschwere entkommen. Wegen des Sauerstoffmangels gerät der Körper in einen rauschartigen Zustand, die Sinne werden in einen ekstatischen Taumel versetzt, in einen Überschwang der Verzückung. Auch deswegen gelten seit alters die hohen Berge als heilige, magische Orte, als Sitz der Götter und Dämonen.

Die Menschen in den Flußtälern der Nazca-Wüste verehrten diese Berge als göttliche Wesen, und sie glaubten, von deren Gunst und Willkür abhängig zu sein. Denn die Flüsse haben ihren Ursprung in den Anden, und wenn es dort wenig regnet, trocknen die Quellen aus. Ohne das Wasser der Berge konnte unten in den Tälern nichts gedeihen, war kein Leben möglich. Was sollten Menschen tun, deren Existenz von unberechenbaren Göttern abhing? Sie mußten die Götter auf ihre Not aufmerksam machen und versuchen, sie wohlwollend zu stimmen. Mit magischen Ritualen, mit Fruchtbarkeitszauber und Wasserkult beschworen sie deren Hilfe. Könnte es nicht sein, daß die Zeichen in der Pampa zu diesem Zweck geschaffen wurden?

Wir packen unsere Filmgeräte aus, bauen die Kamera vor dem Hintergrund der eindrucksvollen Kulisse der Andengipfel auf. Wie bestellt, tauchen wieder Vikunjas auf. Ich umrunde die Herde in weitem Bogen, weil ich hoffe, sie näher zur Kamera treiben zu können. Voll mit dieser Aufgabe beschäftigt, bemerke ich erst spät drei Männer, die im Laufschritt auf uns zukommen. Sie haben kräftige, untersetzte Figuren, breitflächige indianische Gesichter – und sie tragen Gewehre! Seit wir im Gebirge sind, habe ich nicht mehr an die Guerilleros vom *Sendero Luminoso* gedacht. Jetzt durchfährt es mich blitzartig – das sind sie! Wir haben keine Chance, ihnen zu entkommen, unser Fahrzeug steht viel zu weit entfernt.

Immer in Momenten der Bedrohung verspüre ich keine Angst. Wenn man eine Gefahr nicht mehr vermeiden kann, soll man sich ihr stellen. Ich gehe den Männern langsam entgegen und hoffe, damit am wenigsten provokativ zu wirken.

Benavides, unser Töpfer, ist schon vorausgegangen, und ich sehe, wie ihn die Männer umstellen. Er steht in ihrer Mitte, überragt sie um Haupteslänge und redet auf sie ein. Als ich nah genug bin, höre ich einen der Männer sagen: »Nicht sehr weit. Komm mit!«

Ich frage, und es soll harmlos klingen: »*Que pasa?* Was gibt's?«

»Sie wollen mir einen Bach mit mineralienhaltiger Erde zeigen«, antwortet der Töpfer.

»Wer sind sie?« frage ich und bin noch immer der Meinung, es seien Guerilleros.

»Es sind nur Wächter, die aufpassen, daß niemand die Vikunjas jagt.«

Jacob ist inzwischen zum Auto zurückgelaufen. Auch er hatte geglaubt, die Männer seien vom *Sendero Luminoso.* Wir hatten uns durch Zeichen verständigt, daß ich die Terroristen ablenke, während er die Kamera in Sicherheit bringt.

Die Wächter und der Töpfer sind schon weit voraus. Sie hören meine Rufe nicht mehr. In der baumlosen Landschaft schrumpfen sie schnell zu immer kleineren Punkten und verschwinden schließlich in der immensen Hochgebirgssteppe. Wenn wir den Töpfer bei der Suche nach Mineralien filmen wollen, müssen wir uns beeilen, sie einzuholen.

Über drei Kilometer haben wir die Kameraausrüstung bereits geschleppt. Der Sauerstoffmangel, der zuvor eine euphorisierende Wirkung hatte, lähmt nun meine Kraft. Meine Glieder werden schwer und taub. Ich kann mich auf keinen Gedanken konzentrieren. Eine dumpfe Leere ist in meinem Kopf. Automatisch wie ein Roboter stampfe ich voran, nur von dem Willen bewegt, die Männer zu finden. Der Kamerakoffer ist schwer, wie mit Blei gefüllt, und er wird mit jedem Kilometer drückender. Mir ist schwindelig, und jetzt dröhnt es im Kopf, es hallt, hämmert und rasselt, als wäre da ein Schlagzeuger am Werk. »Verdammte Höhe!« denke ich. »4000 Meter, das ist viel zu hoch, um sich ohne Anpassung so zu überfordern.« Als Bergsteigerin kenne ich die Symptome der Höhenkrankheit und weiß um ihre tödliche Gefahr. Ich bin in Nepal, Afrika und Südamerika auf über 6000 Meter hohe Berge gestiegen, doch immer erst, nachdem sich der Körper allmählich an den geringeren Luftdruck gewöhnt hatte. Ich frage Jacob, wie er sich fühlt. Er ist grau im Gesicht, und ich verstehe ihn nur undeutlich. Aber es ist zu anstrengend, weiter nachzufragen.

Regen fällt. Erst da sehe ich, daß der zuvor wolkenlose Himmel wie mit einer grauen Decke überzogen ist. Möwen fliegen über uns. Ihre kreischenden Rufe durchdringen meine Empfindungslosigkeit. Der Boden ist jetzt sumpfig weich. Wir sind im Quellgebiet eines Flusses. Das Wasser sammelt sich zu einem Rinnsal, wird zu einem Bach, dann zu einem schmalen Flüßchen. Wir folgen seinem Lauf am Ufer, und plötzlich, an einer Ausbuchtung, treffen wir endlich die vier Männer. Benavides stopft gerade einen grünen Klumpen in einen Stoffbeutel.

»*Alto! Alto!*« schreie ich. »Wir müssen das doch filmen!«

»Nein! Gehen Sie zurück, es ist gefährlich!« warnt einer der Wächter.

So ein Unsinn! denke ich. Ich bin wütend, weil sie vorausgegangen sind, weil uns keiner beim Tragen geholfen hat und weil sie die Mineralien schon gefunden haben.

»Es bleibt keine Zeit mehr, wir müssen zurück, wenn wir nicht alle umkommen wollen!«

Ich achte nicht auf ihre Warnung und übersetze sie auch nicht für Jacob, weil ich nicht will, daß wir von unserer Filmarbeit abgelenkt werden. Während er die Kamera aufnahmebereit macht, erkläre ich dem Töpfer, daß er den grünen Klumpen wieder an die Fundstelle zurücklegen solle; dann müsse er suchend am Ufer entlanggehen und die Mineralien wie zufällig finden. Er begreift sofort und spielt die Szene sehr überzeugend. Ich bin zufrieden. Wir brauchen noch ein paar Naheinstellungen von seinen Händen.

Die Wächter wollen nicht länger warten. Sie verabschieden sich schnell. Verwundert bemerke ich die panische Angst, die sich in ihren Gesichtern spiegelt. Was haben sie nur? denke ich.

Das Mienenspiel von Indianern ist für uns normalerweise nur schwer zu deuten. Wir können nicht so leicht erkennen, was sie fühlen und denken, ob sie sich freuen oder ärgern, ob sie wütend sind oder gleichgültig. Selbst als ich mehrere Monate in einem Indianerdorf lebte, war ich mir nie ganz sicher, ob ich ihren Gesichtsausdruck richtig interpretiert hatte. Deshalb bin ich erstaunt, jetzt so deutlich in ihren Gesichtern lesen zu können. Das ist keine Furcht, denke ich, das ist ja schon Todesangst. Na, sollen sie laufen. Hier ist doch weit und breit keine Gefahr.

Später überlege ich, ob ich die Warnung vielleicht deshalb nicht ernst genommen habe, weil die Höhenkrankheit bereits mein Denkvermögen eingeschränkt hatte. Wenn das Gehirn nicht mehr ausreichend mit Sauerstoff versorgt wird, stumpft man ab, man sieht dann womöglich noch eine Gefahr, kann aber nicht mehr vernünftig auf sie reagieren. So passiert es, daß höhenkranke Bergsteiger zwar einen Abgrund erkennnen, aber trotzdem weiterlaufen und abstürzen.

Jacob dreht die Nahaufnahmen und will die »Suchszene« wiederholen, damit wir später für den Schnitt eine Alternative haben. Aber jetzt wird auch Benavides unruhig und will sofort zurück.

»Haben die Wächter Ihnen gesagt, wovor sie so große Angst haben?« frage ich ihn.

»Es wird gleich ein Gewitter geben, und hier im *paramo* sind Blitze extrem gefährlich. Wir sind in Lebensgefahr.«

»Glauben Sie denn das?«

»Die *indios* kennen sich im Gebirge besser aus als ich. Sie werden schon recht haben«, antwortet er auf seine lakonische Art.

Jetzt bekomme ich selbst Angst. Schnell unterrichte ich Jacob von der Gefahr. Wir packen eilig zusammen und laufen in Richtung unseres Fahrzeuges. Bald bin ich außer Atem, bleibe stehen und schaue zurück. Der Himmel ist zwar regengrau, aber nicht dunkel wie bei einem drohenden Gewitter. Allerdings ist es gewiß sehr gefährlich, wenn tatsächlich ein Gewitter losbricht, denn in dieser brettebenen Landschaft ist ein Mensch die höchste Erhebung. Er wird die Blitze auf sich ziehen.

In diesem Augenblick bricht vom Himmel ein heller Strahl herab. Weißglühend, dick wie ein Baumstamm, glatt und rund wie eine Röhre, fährt der Blitz senkrecht in die Stelle an der Biegung des

Wasserlaufes, wo wir eben noch gefilmt haben. Der Donner ist explosionsartig, die Druckwelle schleudert uns einige Meter vorwärts. Benommen erheben wir uns und jagen wie Hasen davon. Vielleicht sollten wir uns besser platt auf die Erde legen? Doch in panischem Schrecken rennen wir weiter. Ich denke nichts und ich spüre nichts. Weder bemerke ich das Gewicht des Gepäcks noch die Luftknappheit und die Kilometer, die wir zurücklegen.

Wir erreichen das Auto und wähnen uns sicher. Meine Ohren schmerzen noch von dem Donnerschlag, und meine Luftröhre brennt hinab bis in die Bronchien. Nach und nach komme ich wieder zu Atem.

Dem Blitz sind keine weiteren gefolgt. Erst jetzt, da ich mich in Sicherheit fühle, erkenne ich, wie schön diese Erscheinung war. Ein gewaltiges Feuer, das vom Himmel kam, als hätte ein Gott einen brennenden Speer auf die Erde geschleudert. Gerade, senkrecht und präzise ist er genau dort eingeschlagen, wo wir kurz zuvor noch standen. Ein Mensch, der an Götter glaubt, müßte annehmen, daß sie ihm eine drohende, vielleicht letzte Warnung geschickt haben. Ich dagegen bin von der gewaltigen Schönheit des Naturerlebnisses fasziniert. Dennoch, auch für mich ging von dem Feuerstrahl eine überirdische Kraft aus, als könnte ich während der Sekundenschnelle des Blitzschlages eine andere Wirklichkeit wahrnehmen.

Ich verstehe jetzt, warum die Wächter in panischer Angst davonliefen. Sie fürchteten weniger die reale Gefahr, von einem Blitz getroffen zu werden. Es muß vielmehr die elementare Urangst gewesen sein, mit der Menschen ohnmächtig den unberechenbaren Naturgewalten ausgesetzt waren, in denen sie die grauenvollen Fratzen dämonischer Gottheiten zu sehen glaubten.

13 Maria in der Spirale

»Wie war es möglich, daß Beethoven komponieren konnte, obwohl er doch vollkommen taub geworden war?« fragt Maria Reiche und gibt selbst die Antwort: »Es genügte ihm, sich die Musik vorzustellen.«

Das Beispiel erwähnt sie, weil ich gesagt habe, ich könne nicht verstehen, daß sich die Schöpfer der Wüstenzeichen soviel Mühe gemacht hätten, wo sie doch ihre Werke selbst nie zu Gesicht bekamen.

»Es gibt auch andere Beispiele: Denken Sie an die gotischen Kathedralen. Da befinden sich Fresken und kunstvoll verzierte Schlußsteine in hohen Gewölben, die von unten niemand sehen kann.

Mir fällt noch ein weiteres, denkwürdiges Beispiel ein: Da war zur Zeit der Olympischen Spiele in München ein Künstler ... wie hieß er doch gleich? Er hatte einen so schönen Namen, ja, jetzt fällt er mir wieder ein: Walter de Maria. Er hatte nämlich die Idee, ein sogenanntes unsichtbares Kunstwerk zu schaffen. Er wollte den Schuttberg, der aus Trümmern des zerbombten München aufgetürmt war, mit einem Schacht durchdringen. 120 Meter sollte das Loch in die Tiefe führen, von der Spitze des 60 Meter hohen Trümmerberges nochmals weitere 60 Meter ins gewachsene Erdreich hinein. Er wollte damit Geschichte und Natur miteinander verbinden und auch versöhnen. Die Öffnung sollte oben durch eine Bronzescheibe von fünf Metern Durchmesser abgeschlossen werden, also auf Dauer unsichtbar bleiben. Wichtig und wirksam wäre nur das Bewußtsein von der Existenz des nichtsichtbaren Schachtes gewesen.

Diese unsichtbare Erdskulptur wurde aufgrund künstlerischen Unverständnisses der Organisatoren abgelehnt. Aber daß ein Künstler auf diese Idee kam und sogar ernsthaft die Ausführung diskutiert wurde, zeigt, daß das Unsichtbare, das Nicht-Erkennbare, für Menschen einen Sinn haben kann. Vielleicht liegt der Reiz darin, etwas Verhülltes zu schaffen, das der Entdeckung bedarf.«

Es macht mir Spaß, mich mit dieser klugen, geistreichen Frau zu unterhalten, und ich bin froh über jede Stunde, die ich mit ihr im Gespräch verbringen darf.

Weniger in die Tiefe eines Erdloches als in die Höhe zog es Jim Woodman. Während unserer Dreharbeiten in Florida schilderte er uns ausführlich seinen Ballonflug über Nazca. Jetzt will ich von Maria wissen, wie sie über das Flugexperiment denkt.

Bartolomeo de Guzman hatte von Indianern gelernt, Heißluftballons zu bauen. Seine Vorführung beeindruckte den Hof Portugals und wurde auf einer Briefmarke von 1709 dargestellt

Sie sagt, der Ballonflug des Amerikaners beweise gar nichts, es sei lediglich eine Touristenattraktion gewesen, mehr nicht. Dennoch könne sie nicht ausschließen, daß die alten Peruaner die Technik der Heißluftballons kannten. Noch in der Zeit nach der spanischen Eroberung ließen sie bei Festen kleine, unbemannte Ballons fliegen. Der brasilianische Jesuit Bartolomeo de Guzman berichtete dem Königshof in Portugal von diesen Ballonflügen in Südamerika. Zum Erstaunen des versammelten Hofes ließ er einen kleinen Ballon in die Luft steigen.

Maria bittet ihre Schwester um ein Foto. Es zeigt eine Briefmarke aus dem Jahre 1709 mit der Darstellung des Experiments: Im Vordergrund steht ein Pater in langer Kutte. Er hat die Hände ausgestreckt, in denen er gerade noch den Ballon gehalten hat, der jetzt vor ihm schwebt. Die birnenförmige Ballonhülle hat einen Durchmesser von fünfzig Zentimetern, darunter hängt eine Schale mit Feuer. Das Feuer erhitzt die Luft. Sie steigt in die Öffnung des Ballons und treibt ihn empor. Im Hintergrund der Briefmarke sind die staunenden Mitglieder des Königshofes abgebildet.

»Diese Briefmarke war es auch, die Woodman zu seinem Experiment inspirierte«, erzählt Maria weiter. »Woodman und sein Copilot Nott stiegen 130 Meter hoch, sanken aber bald wieder zu Boden.

Eine Schar von mehr als 30 Helfern war notwendig, um den Ballon über dem Feuerloch festzuhalten. Sie verheizten eine Unmenge Holz. Bäume aber sind rar in dieser Gegend. In der Pampa wären die Spuren so vieler Menschen erhalten geblieben. Es gibt aber weder Rückstände einer Feueranlage noch Reste von Ballonhüllen und Seilen. Die Behauptung Woodmans, in den Ballons wären tote Herrscher auf rituelle Reisen zur Sonne geschickt worden, ist sowieso falsch. Die Ausgrabungen beweisen, daß die Toten mit kostbaren Beigaben aufwendig bestattet wurden.«

Ich bewundere, was Maria geleistet und erreicht hat, deshalb möchte ich mehr über sie persönlich erfahren, über ihre Gefühle, ihre Hoffnungen und Verzweiflungen, ihre Sehnsüchte und Träume, ihre Niederlagen und Freuden. Als einzige hat sie sich dem Rätsel in der Wüste gestellt, hat fast fünf Jahrzehnte ihres Lebens dieser Aufgabe gewidmet, ohne Anerkennung, ohne finanzielle Unterstützung und ohne den Rückhalt einer Forschungsinstitution. In Nazca verstand man nicht, was die Ausländerin in der Pampa suchte; viele hielten sie für eine Hexe, eine Verrückte oder sogar für eine Grabräuberin.

Durch die vielen Gespräche werden wir miteinander vertraut. Maria äußert sich offen, dennoch braucht es Zeit, bis ich mir vorstellen kann, was sie bewegt, gefreut und geärgert hat. Ich entdecke manche Ähnlichkeiten. Wenn Maria von ihrer Kindheit und Jugend erzählt, gibt es viele Übereinstimmungen mit meiner Entwicklung. Wir haben uns wohl beide als Außenseiter gefühlt, zuerst in der Familie, später auch in der Gesellschaft, und nach einem Weg gesucht, glücklich zu sein, ohne konventionellen Normen zu entsprechen. Als ich ihr begeistert von meiner Wanderung durch die Pampa erzählte, leuchten ihre Augen auf, und lebhaft sagt sie: »Es war die schönste Zeit meines Lebens, als ich den Zeichen in der Wüste nachspürte.«

Maria drückt sich selten überschwenglich aus. Mir scheint, daß sie Emotionen mit ihrem realistischen Verstand beherrscht. Sie läßt für sich nur gelten, was objektiv nachprüfbar ist. Sie sagt von sich, sie sei unromantisch und nüchtern, und beteuert: »Ich bin nicht sehr gefühlvoll veranlagt. Mein stärkstes Gefühl ist die Neugier.«

Vielleicht stimmt das, doch ich spüre, daß sie entgegen ihren eigenen Behauptungen eine sensible und verletzliche Frau ist. Erzählt sie von ihrer Kindheit, kommt es mir vor, als hätte sie die strenge Erziehung durch die Mutter bis heute nicht überwunden. Sie sagt, da seien Ungerechtigkeiten geschehen, die sie nicht vergessen würde. Auch andere Ereignisse in ihrem Leben weisen darauf hin, daß sie nicht nur eine vernunftbeherrschte Frau ist. Als ihre Freundin Amy Meredith starb, konnte sie ihre Arbeit in der Pampa ein Jahr lang nicht fortführen. Es war zu schwer, dort in der Einsamkeit den Tod der Freundin zu ertragen. Mit der ihr eigenen Art reagierte sie auf die Krise: Maria suchte und fand eine neue, sie herausfordernde Aufgabe – sie unterrichtete Kinder in einem abgelegenen Indianerdorf, weit oben in den Anden. Für den Unterricht schrieb sie ein neuartiges Schulbuch in Spanisch und Quechua.

In Briefen an die Mutter und Schwester schilderte sie ihre Empfindungen, als sie das Sonnenheiligtum der Inka, Machu Picchu, besuchte. Oben auf dem Felsplateau, hoch über dem tosenden Urubamba-Fluß, kam sie sich wie eine verzauberte Inka-Prinzessin vor. Sie wanderte durch die mit Pflanzen überwucherten Häuser und Tempel, aß wilde Erdbeeren und fühlte sich wie in einem Traum.

Maria bereiste Peru bis hinab in den Amazonas-Dschungel. Aber nicht der wild wuchernde, verschlungene Urwald war ihre Landschaft, sondern der weite Raum mit dem freien Blick bis zum Horizont. Immer wieder beschreibt sie in ihren Briefen die Wüste als wunderschönen Ort, der nicht eintönig sei, sondern abwechslungsreich gestaltet mit Hügeln und Cañons. Sie berichtete von den vielen Tagen und Nächten, die sie dort draußen allein verbrachte, solange Nahrung und Wasser reichten. Es war so wunderbar für sie, frühmorgens in der Wüste zu erwachen.

Über sich persönlich spricht Maria Reiche nicht gern. Erst wenn das Gespräch sich mit der Pampa und ihrer Arbeit dort beschäftigt, antwortet sie lebhaft. Ich habe den Eindruck, daß die Erforschung der Wüstenzeichen sie ganz ausgefüllt hat, daß die Linien die große Liebe ihres Lebens sind. Aber ich bin doch neugierig, ob es nicht einen Mann in ihrem Leben gab?

Prompt antwortet sie: »Ständig war ich beschäftigt, habe gelernt und mich weitergebildet, da hat mir ein Mann überhaupt nicht gefehlt.«

Sie stoppt. Ich schweige und überlege, wie ich die nächste Frage formulieren könnte, ohne zu indiskret zu sein.

Sie lacht auf und sagt: »Ich weiß schon, was Sie wissen wollen! Natürlich war ich auch verliebt. Jedem Menschen passiert das!« Wieder macht sie eine Pause, dann meint sie: »Na gut, ich werde Ihnen meine Liebesabenteuer erzählen. Haben Sie Zeit? Es wird länger dauern. Interessant sind diese Geschichten meiner Meinung nach nicht, aber wenn Sie sie unbedingt hören wollen... Also: Schon auf der Überfahrt von Deutschland nach Peru wollte mich ein Mann vom Fleck weg heiraten. Er war Deutscher, der in Kolumbien lebte und extra in seine Heimat gekommen war, um eine deutsche Frau zu suchen. Er hatte aber keine geeignete gefunden und trat sehr enttäuscht die Rückfahrt an. Da sah er mich – und ich schien ihm wohl die passende Hausfrau für seine Farm zu sein. Er wollte mich überreden, meine Anstellung als Erzieherin in Peru sausenzulassen, um mit ihm nach Kolumbien zu fahren. Ich fühlte, daß er nicht der richtige Mann für mich war. Er war dominant und egoistisch. Doch ich mußte hart mit mir kämpfen. Ich war 29, das ist noch ein Alter, in dem unsere Instinkte sehr wach sind.

In Cuzco traf ich dann einen weiteren Landsmann, der war Offizier. Mit ihm bin ich oft durch die Berge gewandert. Bei unserer letzten gemeinsamen Wanderung geriet er in Panik. Er glaubte, wir hätten uns verlaufen. Obwohl ich ihm eindringlich erklärte, wie einfach es sei, zurückzufinden, wenn wir uns am Lauf der Täler orientierten, verlor er völlig die Nerven und war nicht mehr zu beruhigen. Nach diesem Vorkommnis sah ich ihn kaum noch und dachte auch nicht mehr an ihn.

Na, und dann die Jahre in Lima, da habe ich mich wieder verliebt. Ein Student, dem ich Deutschunterricht gab, erzählte mir, er sei Junggeselle. Aber ich bekam bald heraus, daß er schon eine Freundin hatte.« Sie lacht vergnügt und spricht weiter: »Ich mußte gerade an einen anderen Peruaner denken, der angeblich auch Junggeselle war. Später erfuhr ich, er war verheiratet und hatte fünf Kinder! Das ist die peruanische Definition eines Junggesellen. Ich war nicht sehr betroffen. Das waren Enttäuschungen, die schnell vorbeigingen. Ich wußte, ich würde nie einen Peruaner heiraten, weil sie nicht

Während ihrer Zeit als Hauslehrerin in Cuzco 1932 unternahm Maria viele Wanderungen durch die kakteenreiche Gebirgslandschaft der Anden

treu sein können. Anders war es mit einem Engländer. Ich traf ihn im Zug von Callao nach Lima. Es war Liebe auf den ersten Blick. Ich sah ihn an, aber ich konnte nichts sagen. Zufällig begegnete ich ihm später in Lima wieder. Er stand plötzlich in einem Aufzug neben mir. Ich glaubte, mein Herzschlag setze aus. Ich konnte kaum noch atmen. Wieder getraute ich mich nicht, ihn anzusprechen.

Lima war damals wie ein großes Dorf, keiner blieb unbekannt. Ich fragte meine Freunde über ihn aus. So erfuhr ich, daß er eine Verlobte in England hat, und ich vermied es, ihm wieder zu begegnen.

Sehen Sie, ich wollte nicht um einen Mann kämpfen. Es ist immer das gleiche, wenn man einen Mann möchte, muß man ihn einer anderen wegnehmen. Das habe ich abgelehnt. Sobald ich erfuhr, er hat schon eine Frau, beendete ich die Beziehung sofort.«

»Sie haben Kinder gern?« frage ich.

»Ich liebe Kinder!« antwortet sie enthusiastisch. »Ich glaube, ich wäre zwar eine schlechte Ehefrau gewesen, aber bestimmt eine gute Mutter. Ich hätte mir viel Zeit für die Kinder genommen, statt Essen zu kochen lieber mit ihnen gespielt und gelernt, ihnen aber vor allem ihren eigenen Willen gelassen. Nun, es ist anders gekommen. So ist es auch gut. Die ganze enorme Kraft, die einer Frau zur Verfügung steht, um Leben zu geben, ist in meine Arbeit eingeflossen.«

»Bedauern Sie denn, daß Sie Ihr Leben dieser Aufgabe gewidmet haben und auf eigene Kinder verzichten mußten?«

»Ich habe mein Leben gelebt, wie es gekommen ist, und nicht darüber nachgedacht. Ich war zufrieden mit meiner Arbeit, die meinen Fähigkeiten am besten entsprach. Es hat mir alles einen Riesenspaß gemacht!«

Das ist typisch für Maria Reiche: Andere Menschen wären an der mühseligen und harten Arbeit verzweifelt und hätten nicht die kargen Lebensbedingungen ertragen können – für sie war es einfach ein »Riesenspaß«.

Maria lacht gern. Bei unseren Gesprächen macht sie immer wieder lustige und komische Bemerkungen und läßt sich keine Gelegenheit zum Lachen entgehen. Aber nie macht sie sich über andere Menschen lustig. Ihr bevorzugtes Objekt – ist sie selbst. Sie amüsiert sich sogar darüber, daß sie vom Tourismusbetrieb vereinnahmt wird, und sagt ironisch: »Ich bin eine Touristenattraktion.«

Sie, die sich gern zurückzog, die lieber las oder an einer mathematischen Aufgabe knobelte und die die Hälfte ihres Lebens allein in der Wüste verbracht hat, sieht sich am Ende des Lebens dem Rummel um ihre Person ausgesetzt: In Nazca wurden eine Straße und ein Hotel nach ihr benannt. Ihr Geburtstag ist jedes Jahr ein großes Ereignis. Das Fest dauert eine Woche. Sie, die so lange unbeachtet und ohne Unterstützung geblieben ist, kann die Auszeichnungen und Ehrungen, die sie jetzt erhält, kaum noch zählen. Viermal schon hat ihr die San-Marcos-Universität in Lima den Ehrendoktor verliehen. Sie wird von Reportern vieler Länder interviewt. Jeder Besucher, der nach Nazca kommt, will nicht nur die Linien sehen, sondern auch die Forscherin. Sie hält Vorträge für Touristengruppen. Es vergeht kaum ein Tag, an dem sie nicht ein- bis dreimal diese *conferencias* gibt. Zu Beginn fragt sie die Anwesenden nach ihrer Nationalität und hält dann ihren Vortrag in deren Muttersprache. Ich habe erlebt, wie sie frei in fünf Sprachen referiert und Fragen beantwortet hat: in spanisch, englisch, französisch, italienisch und deutsch.

Maria kann nicht mehr allein gehen, und ihre Glieder zittern wegen der Parkinson-Krankheit, doch sie setzt sich, ohne auf ihren körperlichen Zustand Rücksicht zu nehmen, diesen Anstrengungen aus. Warum macht sie das nur?

Sie erklärt mir: »Mit meinen Vorträgen möchte ich den Touristen etwas bieten, vor allem ihre Neugier stillen. Damit hoffe ich, die Wüstenzeichen vor weiterer Zerstörung zu schützen, denn es ist ja nicht mehr rückgängig zu machen – die Pampa ist eben ein Touristenziel geworden.«

Trotz der Aufmerksamkeit und der vielen Ehrungen, mit denen sie überhäuft wird, ist Maria Reiche bescheiden und anspruchslos geblieben. Sie hat nie nach Dank und Anerkennung gefragt und nimmt ihre späte Berühmtheit hin, weil sie der Sache dient: dem Schutz der Pampa.

Doppelspirale in der Pampa San José, ohne Anfang, ohne Ende

Immer wenn wir über die Wüstenzeichen sprechen, werden die Symptome ihrer Krankheit schwächer. Ich möchte ihr eine Freude machen und ermutige sie dazu, mit uns hinaus in die Wüste zu fahren.

Renate sitzt wieder am Steuer des alten VW-Busses, Maria neben ihr, und wir mit unseren Filmgeräten hocken im Laderaum.

Klappernd holpert der Wagen über sandige Wege. Maria hat sich gewünscht, daß wir zur »Spirale« fahren. Sie hat viele Spiralfiguren entdeckt. Diese liegt nahe an der Straße und ist deshalb leicht für uns zu erreichen.

Maria schaut durch die staubige Frontscheibe nach draußen und sagt, sie würde die unterschiedliche Helligkeit zwischen Himmel und Erde wahrnehmen und das wecke in ihr Erinnerungsbilder. Ich denke, vielleicht »sieht« sie mehr als wir mit unseren gesunden Augen.

»Spiralen sind ganz besondere Zeichen«, sagt sie. »Das Ende einer Spirale ist kein tatsächliches Ende, man kann sie sich immer weiter fortgesetzt denken. Manche Spiralen in der Pampa sind als Doppelspiralen angelegt. Der Schwanz des Affen ist so eine Doppelspirale, ohne Ende und ohne Anfang. Unendliche Zeit kann man von außen nach innen und von innen wieder nach außen gehen.«

»Genau wie das Universum, das sich ausbreitet und sich wieder zusammenziehen soll«, fügt Renate hinzu.

»Richtig!« bestätigt Maria. »Das müssen die Menschen schon seit Urzeiten geahnt, gefühlt, gewußt haben. Denn die Spirale wurde bereits von steinzeitlichen Menschen als Symbol für das Leben verwendet. Sie ritzten sie in Steine und Knochen, zeichneten sie auf Höhlenwände und schmückten Keramik und Stoffe mit diesem Muster.«

»Die Spiralform steht nicht nur symbolisch für das Leben, sondern sie ist tatsächlich das Modell alles Lebendigen«, sage ich. »In jeder Zelle windet sich die Erbsubstanz in Form einer Spirale, einer Doppelwendel, auf der die Gene aufgereiht sind. Die Spirale ist das häufigste Bauprinzip der Natur: Schneckengehäuse und die ausgestorbenen Ammoniten zeigen es. Kürbisgewächse, Wein und Passionsblumen hangeln sich mit spiralartigen Sproßranken aufwärts. Schlangen, Raupen und Asseln rollen sich spiralförmig zusammen, der lange Saugrüssel der Schmetterlinge ruht, zu einer Spirale aufgerollt, im Kiefer. Blätter und Blüten sind in Spiralform in den Knospen verpackt, und ihre Entwicklung ist an eine Aufrollbewegung gebunden.«

»In dem Wort ›Ent-Wicklung‹ selbst steckt ja das Bild der Spirale«, wirft Jacob ein. »Eine sich ent-wickelnde Bewegung, das ist das Leben.«

»Vergessen Sie nicht, daß die Spirale beide Richtungen verkörpert, die von innen nach außen und umgekehrt. Alles Lebendige vergeht auch wieder, es geht zurück nach innen, um dort – am Anfang – neu zu beginnen. Verstehen Sie jetzt, warum ich mir gewünscht habe, daß wir zur Spirale fahren?«

Auf ihre Schwester und mich gestützt, steigt Maria aus dem Auto. Jacob filmt die Szene von einem nahen Hügel.

Marias Gesicht leuchtet vor Freude. Der Wüstenwind streicht sanft durch ihr weißes, seidiges Haar. Sie schweigt. Wir spüren, daß sie sehr bewegt ist. Welche Erinnerungen, welche Gedanken gehen ihr durch den Kopf?

Sie möchte zum Inneren der Spirale. Besorgt, die empfindliche Oberfläche nicht zu zerstören, erlaubt sie nicht, daß wir neben ihr gehen und sie stützen. Sie hält sich an ihrer Schwester fest, die in der schmalen Furche der gewundenen Linien vorausgeht. Innen angekommen, setzt sie sich auf einen Stuhl, den wir ihr mitgebracht haben. Sie ist für sich allein in der Mitte der Spirale, im symbolischen Mittelpunkt, wo das Leben endet und wieder neu beginnt. Sie sieht uns nicht. Sie wird den warmen Wind und die trockene Hitze der Sonne fühlen, den weiten Raum der Wüste und den Himmel darüber. Später ruft sie ihre Schwester, die sie wieder aus der Spirale hinausbegleitet.

In der Spirale muß sie nachgedacht haben, denn sie sagt: »Ich bin zufrieden mit meinem Leben und würde es genau wieder so machen, und ich wünschte, daß so viele Menschen wie möglich eine solch interessante Lebensaufgabe hätten, wie ich das Glück gehabt habe sie zu finden; denn das wichtigste ist, daß man sein Leben durch und während der Arbeit genießt. Ein interessantes Studienobjekt zu haben, das ist das Befriedigendste, was es gibt.«

14 Unterirdische Wasser

Den klapprigen, dürren Ziegen sieht man an, wie karg das Leben hier sein muß. Sie gehören *campesinos*, einfachen Bauern, die am Rande der Pampa leben – ganz in der Nähe der Wüstenzeichen. Niemand wird die *campesinos* bisher gefragt haben, wie sie über Sinn und Zweck der Linien denken. Deshalb sind wir aus Nazca hinausgefahren, um mit einigen von ihnen zu sprechen. Ihre Siedlungen liegen weit verstreut und sind nur schwer in dem Wüstengebiet zu finden.

Kaum haben wir die Panamericana auf einer Piste verlassen, entdecken wir ein armseliges Haus, vor dem eine halbfertige Mauer steht. Während wir noch überlegen, welchem Zweck sie einmal dienen könnte, taucht dahinter der Kopf eines älteren Mannes auf. Der Mann schichtet eine neue Lage Ziegel obenauf und verschwin-

Campesino beim Herstellen einer Mauer aus *adobe*, den luftgetrockneten Ziegeln

Faschismus + Kopfhelisla ,
Merkls Mykelful störr !

det wieder. Das Ganze wiederholt sich mehrmals. Jacob gefällt das unerwartete Versteckspiel, und er stellt seine Kamera rasch auf.

Der Mann baut seine Mauer aus *adobe*, wie die Lehmziegel hier heißen. Sie sind einfach und billig herzustellen: Erde wird mit Wasser und zerkleinertem Stroh zu einem Brei verrührt. Mit einer Hohlform werden die Ziegel dann ausgestochen, wie Plätzchen aus dem Kuchenteig. An der Sonne trocknen sie von alleine und werden hart und zäh.

Bei meinen Reisen durch Südamerika bin ich immer wieder auf Gebäude getroffen, die mit diesem Material errichtet wurden. Im trockenen Klima haben diese Bauwerke aus Lehm Jahrhunderte überdauert, die Sonnen- und Mondpyramiden aus der Mochica-Kultur im Norden Perus sogar mehr als eintausend Jahre. Für ihren Bau, so schätzt man, wurden 200 Millionen Lehmziegel benötigt.

Der Mann taucht wieder auf, diesmal mit einem Kübel frischen Lehmbreis. Mit schnellen Bewegungen verteilt er geschickt die

Mörtelmasse über die oberste Ziegellage. Bevor er wieder verschwindet, frage ich ihn, ob er von den Linien und Figuren auf der Pampa schon gehört habe. Ich spüre, daß er nur ungern seine Tätigkeit unterbricht, um meine Frage zu beantworten. Beinahe unwillig meint er: »Ich habe wenig Zeit und Geld schon gar nicht, mich mit diesen Dingen zu beschäftigen. Ich muß mich um Wichtigeres kümmern, um das Haus, die Tiere und die Ernährung meiner Kinder.«

Ich lasse nicht locker. Ob er sich vorstellen könne, daß die Linien den Stand von Sonne, Mond und Sternen am Himmel markieren und man so den günstigsten Zeitpunkt für Aussaat und Ernte bestimmen kann?

»Nein!« So etwas Komisches könne er sich nicht denken. »Wozu denn Linien auf der Erde?« Er brauche nur zum Himmel zu schauen und könne genau vorhersagen, ob es ein gutes Jahr werde mit viel Regen in den Bergen. Wichtig für seine Einschätzung seien die Wolken, ihre Farbe und die Form, in der sie sich über den Anden stauen. Auch Pelikane, die vom Meer heraufkommen und die Pampa überfliegen, seien ein sicheres Zeichen für Regen. »Um mit Hilfe der Sterne das Wetter vorherzusagen, brauche ich keine Bodenlinien. Die Bergspitzen und Taleinschnitte der Anden sind die Punkte, mit denen ich die Sternbilder in Verbindung bringe. Auch den Mond beobachte ich, und selbstverständlich pflanze und säe ich nur bei zunehmendem Mond. Mein Vater hat das schon so gemacht und dessen Vater ebenso.«

Der Bauer verschwindet jetzt endgültig hinter der Mauer. Er hat offenbar genug geredet, und das Thema ist für ihn nur Zeitverschwendung, wie er anfangs schon sagte. Aus seiner Sicht hat er ja recht. Für ihn ist ein astronomischer Kalender viel zu abstrakt und wissenschaftlich und eigentlich auch überflüssig. Er begnügt sich mit den vielfältigen Zeichen der Natur und deutet sie so wie Bauern überall auf der Erde.

Die Begegnung mit diesem einfachen *campesino* hat mich einmal mehr in meiner Ansicht bestärkt, daß die Linien und Figuren nicht so sehr einen praktischen Nutzen hatten, sondern eher zur Beschwörung der Götter dienten.

Lehmziegel trocknen an der Sonne, werden hart und zäh; im trockenen Klima bleiben sie Jahrhunderte erhalten

Wir fahren weiter und entdecken kleine Hütten, die sich unter hohen Bäumen verstecken. Hühner scharren und picken im staubigen Boden, und Schweine laufen frei herum. Wir gehen ohne Kamera auf einige Leute zu und fragen, ob wir filmen dürfen. Sie sind sofort einverstanden. Eine junge Frau gruppiert schnell ihre Kinderschar um sich, nimmt das Jüngste auf den Arm und zögert nicht, ihre Meinung über die Linien zu sagen: »Sie sind wichtig für die Ausländer, die Wissenschaftler und Studenten. Die haben viel Geld, und das bringen sie nach Nazca. Seitdem die Linien bekannt sind, geht es uns etwas besser.«

Ein Mann mit einem Strohballen auf dem Rücken kommt auf uns zu. Er bleibt stehen, und wir kommen ins Gespräch, dabei überrascht uns seine Meinung, die Wüstenzeichen seien extra für die Ausländer angelegt worden, damit sie nach Nazca kommen.

Ein junges Mädchen, mit Schulbüchern unter dem Arm, kommt uns entgegengelaufen. Ihre Großmutter habe uns etwas Wichtiges zu sagen, und sie möchte deshalb unbedingt gefilmt werden. Wir sind sehr gespannt. Vielleicht kennt die alte Frau Überlieferungen von Weisheiten ihrer Vorfahren, die für unser Thema interessant sind.

Die Großmutter sitzt auf einem Hocker vor ihrer niedrigen Hütte. Ein schwarzer Wollrock spannt sich um ihre breiten Hüften. In ihr Gesicht sind tiefe Runzeln gekerbt. Das noch immer tiefschwarze Haar hat sie zu einem Zopf geflochten und das Ende mit einem bunten Band umwickelt. Stolz und würdevoll bedeutet sie uns, näherzukommen. Ich spreche sie auf spanisch an. Sie antwortet in quechua, ihrer indianischen Sprache.

Gebieterisch, fast wie eine Monarchin, setzt sie sich vor der Kamera in Positur. Sie beginnt eine temperamentvolle und gestenreiche Rede. Nur ab und zu verstehe ich einige spanische Worte, für die es anscheinend keine indianischen Bezeichnungen gibt: Regierung, Armee, Staat, Geld. Ich bitte die Enkelin zu übersetzen. Stolz auf ihr Schulspanisch, erfüllt sie meinen Wunsch. »Großmutter hat nichts über die Linien gesagt, sondern über unsere Armut gesprochen, daß wir seit der Eroberung durch die Spanier ausgebeutet und unterdrückt werden und in unserem eigenen Land keine Rechte haben, daß ihre Söhne aber dennoch Militärdienst leisten müßten. Ja, das kränkt sie am meisten, sie sollten nicht für diejenigen kämpfen müssen, die unser Land weggenommen haben, meinte meine Großmutter.«

Ich bin etwas enttäuscht, denn gerade von der alten Frau, die ein ganzes Leben so nah bei den Linien verbracht hat, habe ich mir eine besondere Auskunft versprochen. Ich frage noch einmal, ob sie uns nicht etwas über die Linien auf der Pampa mitteilen wolle. Ihre Antwort ist kurz. Sie sagt, sie habe gehört, daß sie existieren, sie aber noch nie selbst gesehen. Sie wisse, daß man die Zeichen nur aus der Luft erkennen könne, und für teure Flüge habe sie kein Geld übrig.

Wir erreichen ein grünes Tal mit Baumwollfeldern. Im Hintergrund ragt der Cerro Blanco in den wolkenlosen Himmel. Ein wundersamer Berg. Wie eine Fata Morgana narrt er die Sinne. Ist er Wirklichkeit oder eine verzauberte Erscheinung oder nur eine

Luftspiegelung? Seine Farbe ändert sich je nach Sonnenstand: Morgens leuchtet er goldgelb, mittags in der prallen Sonne scheint er sich aufzulösen in das luftige Weiß einer Wolke, und abends prunkt er in Altgold.

Auf einem Feld arbeiten Baumwollpflücker. In schürzenartigen Umhängen sammeln sie die reifen Samenkapseln und türmen sie am Feldrand zu großen, weißen Haufen. Die Männer und Frauen arbeiten im Akkord. Kaum einer schaut auf, und nur selten ertönt ein Ruf. Beim Sammeldepot notiert ein Mann die abgelieferten Mengen. Ich frage ihn nach den Wüstenzeichen.

Er meint, sie zeigen an, wo Wasser zu finden sei. »Schauen Sie, wohin die Pfeile gerichtet sind – auf die Berge. Sehen Sie sich die Trapeze an, ihre schmale Seite weist zum Gebirge. Sie versinnbildlichen einen Wasserlauf, der zuerst an der Quelle wenig Wasser führt und sich dann füllt und breiter wird.«

Meinen Einwand, ich hätte vom Flugzeug aus gesehen, daß die Zeichen nach allen Himmelsrichtungen deuten, läßt er nicht gelten. Er bleibt dabei, daß sie unterirdisches Wasser anzeigen, das von den Anden herab als Strom unter der Wüste fließt. Schon früh hätten Menschen von diesen Wassern gewußt, sie in unterirdischen Kanälen, *puquios*, zusammengefaßt und zu ihren Häusern und Feldern geleitet. Er ruft seinen Sohn José, der auch Baumwolle gepflückt hat. Sein Sohn könne uns die Kanäle zeigen.

José ist zwölf Jahre alt. Während der Ferien verdient er sich sein Taschengeld mit Baumwollpflücken. Er zeige uns aber lieber die *puquios*, denn die Arbeit auf den Feldern sei anstrengend und langweilig für ihn. Er führt uns fast bis ans östliche Ende des Tales zu einem Gebiet, das Cantalloc genannt wird. Auch hier soll es Zeichen geben. Wir steigen einen Hügel hinauf.

»Sehen Sie die Nadeln dort?« fragt José.

Wegen der im Zenit stehenden Sonne gibt es nur wenig Kontraste. Der ausgestreckten Hand des Jungen folgend, erkennen wir undeutlich eine spitze Figur, die von einer Zickzacklinie durchzogen wird, und eine Spirale.

»Diese Figuren werden ›Nadel und Garn‹ genannt«, erklärt José. »Sie müssen sich vorstellen, daß die Spirale einen Wollknäuel darstellt, von dem eine Zickzacklinie zur Spitze führt, wie ein Faden, der in eine Nadel eingefädelt ist. Mein Vater meint, diese Figuren dienten einem Wasserkult, um Wasser von den Bergen hinab ins Tal zu ziehen. Die Spitzen aller Nadeln zielen auf den Cerro Blanco. Dort ist die Quelle.«

José findet sich im Gelände sehr gut zurecht. Ohne sich im Weg zu irren, bringt er uns zum ersten *puquio* im Talgrund. Zunächst bin ich enttäuscht. Ich sehe nichts außer einem kreisrunden Loch von einem Meter Durchmesser. Es ist dicht von Pflanzen überwuchert. Der Junge sagt, diese Löcher würden *ojos*, Augen, genannt und man könne durch sie in die Kanäle hinabsteigen und sie säubern.

Ich bin neugierig geworden und wage mich hinunter in das zwei Meter tiefe Loch. Am Grund erkenne ich ein Rinnsal. Ich tauche die Hand hinein und bin überrascht: Es ist Quellwasser, kristallklar und kalt. Noch mehr erstaunt bin ich, als sich meine Augen an das Dämmerlicht gewöhnt haben und ich sehe, daß der Schacht aus behauenen Steinen besteht. Mich verblüfft die exakte Verarbeitung der Steine, wie sie sonst nur Menschen im Hochland der Anden so meisterhaft gelang.

Sind die unterirdischen Kanäle damit ein Beweis, daß die Nazca-Kultur schon frühzeitig vom Andengebiet beeinflußt wurde, oder sind die Kanäle erst später, nach der Eroberung durch die Inka entstanden?

José führt uns noch zu anderen Kanälen. Er nennt sie Belén, Santo Cristo und Cantalloc. Es sind mehr als 40 Kanäle entdeckt worden, die ein kilometerlanges, weitverzweigtes Tunnelnetz bilden. Die Menschen, die es gebaut haben, mußten den unterirdischen Verlauf und die Gefälle exakt berechnen – eine anspruchsvolle Ingenieur-Leistung. Der Junge meint, sie würden auch dann Wasser führen, wenn die Flüsse völlig ausgetrocknet seien. Aber sie werden nicht mehr regelmäßig gesäubert und ausgebessert, weil viele *campesinos* sich fürchten, in die Schächte hinabzusteigen. Sie sagen, es sei Teufelswerk, und haben sich lieber moderne Wasserpumpen gekauft. Die meisten Menschen in Nazca, die wir befragt haben, die Bauern, Baumwollpflücker, die Wäscherinnen, die Händler und

Händlerinnen auf dem Obst- und Gemüsemarkt, wissen nichts von der großen Vergangenheit. Der Anbau von Baumwolle ist nicht mehr mit religiösen Gedanken verbunden, die Fruchtbarkeit der Felder wird nicht mit Kulthandlungen beschworen und das Wasser der Berge nicht mit Zeremonien erfleht. Das Denken der Menschen von heute ist nur noch in die Zukunft gerichtet. Ihr neuer Götze ist die Technik, mit der sie glauben, alle ihre Probleme meistern zu können. Dabei vergessen sie ihre eigene Vergangenheit und gehen achtlos darüber hinweg. Kaum noch einer spürt ihre Nähe und ihre innere Kraft.

15 Der Berg aus Sand

Illa-Kata, der Herr der Berge, schloß Freundschaft mit Tunga, dem Herrscher der Küste, und lud ihn als Gast zu sich. Tunga beschenkte Illa-Kata mit Gold und Juwelen und blieb lange, denn ihm gefiel die junge Frau seines Gastgebers. Er rühmte seine warme und sonnige Meeresküste mit verführerischen Worten. Und sie, die unter der Kälte, dem Regen und den dicken Wolken der unwirtlichen Bergregion litt, willigte ein, mit Tunga zu flüchten. Sie bereitete ihrem Mann einen Schlaftrunk, und dann rannten sie beide los, so schnell sie konnten, Richtung Ozean. Doch Illa-Kata erwachte vor der Zeit. Als er seine Frau nicht fand, ließ er seine gewaltige Donnerstimme erschallen. Die Flüchtlinge erschauerten, als sie ihn hörten, und die Frau bekam große Angst. Sie fürchtete, er würde sie bald einholen, und war so verzweifelt, daß sie lieber sterben wollte. Tunga überredete sie, weiter mit ihm zu fliehen, aber sie hatte keine Kraft mehr. Da tarnte er sie mit Maisstroh und ließ sie allein zurück.

Illa-Kata kam von den Bergen herab, konnte jedoch seine Frau nicht entdecken. Vor Wut entfesselte er ein Erdbeben. Er stemmte die Berge empor und ließ sie zu Boden krachen. Ohne daß er es wußte, begrub er dabei seine Frau unter den herabfallenden Felsmassen.

Tunga, der inzwischen fast das Meer erreicht hatte, blieb nicht vor der Rache Illa-Katas verschont. Er wurde zu einem steinernen

Berg, der heute noch seinen Namen trägt. Auch die tote Frau im Maisstroh wurde in einen Berg verwandelt, in den weißen Cerro Blanco.

Viele Legenden ranken sich um den Cerro Blanco, der einst eine Frau gewesen sein soll. Ich versuche, sie mir vorzustellen, eine junge Indianerin, mit zwei pechschwarzen, langen Zöpfen und dunklen, traurigen Augen. Unwillkürlich bekommt meine Phantasiegestalt die Züge einer Frau, die ich beim Stamm der Salasaca, in einem Andendorf, kennenlernte. Sie war unglücklich verheiratet und sehnte sich nach einem anderen Leben. Vielleicht hätte auch sie nicht gezögert, ihren Mann zu verlassen.

Abergläubige haben mir abgeraten, den Berg zu besteigen. Sie erzählen von vielen Unglücklichen, die nie mehr zurückgekommen seien. Ich bin trotzdem nicht die einzige, die den Aufstieg wagt, denn bald entdecke ich einen von vielen Füßen festgetretenen Pfad.

Ich habe nicht das Gefühl, einen Berg zu besteigen, sondern eine riesige Sanddüne. Trotz des Sandes, bei dem man eher an Trockenheit denkt, handeln die Legenden, die sich um den Cerro Blanco ranken, immer wieder vom Wasser: Einmal litten die Menschen im Nazca-Tal unter einer furchtbaren Dürre. Alle Flüsse, alle Bäche, alle Brunnen waren ausgetrocknet. In ihrer Not gingen die Menschen zum Sandberg und klagten ihm ihr Leid. Das hörte *Viracocha*. der oberste Gott und Weltenschöpfer. Er kam herab. Als er das Elend sah, wurde er traurig und weinte. Seine Tränen tropften auf den Cerro Blanco, versickerten und sammelten sich am Grund zu einem See. An den Ufern wuchsen Orangenbäume, und ein gewaltiger Wasserfall sorgte dafür, daß der See niemals austrocknete. Die Menschen leiteten das Wasser in Kanäle und hatten fortan immer ausreichend zu trinken.

Sagen und Mythen spiegeln auf ihre Weise oft ein historisches Ereignis. Und tatsächlich, die Kanäle existieren ja noch heute im Nazca-Tal und führen Wasser. Ist es da nicht vorstellbar, daß der »weiße Berg« in seinem Inneren einem Wasserspeicher gleicht?

Die Menschen früher erlebten aber ihre Umwelt nicht rational und nutzungsorientiert wie wir. Für sie war der Berg ein Wesen mit zwei Seelen, Gott und Dämon, gut und böse in einem. Ein unberechenbarer Gottdämon, der ihnen Glück bescherte, aber auch Unglück bringen konnte.

Um sich das Wohlwollen ihrer Götter zu sichern, kamen sie auf die Idee, Opfer zu bringen, und machten mit kultischen Handlungen auf sich aufmerksam. Wahrscheinlich sind sie sogar auf den Cerro Blanco gestiegen, um dort Opfergaben darzubieten.

Ihr Verhältnis zur Umwelt war ein sehr persönliches. Für sie war die Natur eine von Wesen belebte Welt. Das Wasser war ein Geschenk, und es war selbstverständlich, daß sie sich mit einem Gegengeschenk bedankten. Sie fürchteten zwar die Naturgötter wegen der urplötzlichen Vernichtungsgewalt von Gewittern, Stürmen, Überflutungen und Erdbeben, gleichzeitig achteten und bewunderten sie ihre Götter. Wenn wir deren Abbildungen auf Gefäßen und Geweben betrachten, können wir das kaum nachempfinden. Auf uns wirken sie furchterregend: die Raubtierfratzen mit den Reißzähnen und die Adler, deren Fänge Totenköpfe umkrallen. Diese Darstellungen verkörpern die negativen Aspekte der Gottheiten. So ist *Pachamama*, »Die Mutter Erde«, einerseits die schreckliche Göttin, die Blutopfer fordert, doch sie ist auch die Gütige, die Leben spendet und die Saat gedeihen läßt.

Den Pfad habe ich längst aus den Augen verloren, und die Spuren hat der Sand verweht. Ich muß mir selbst einen Weg bahnen. Jeder Schritt strengt mich jetzt an. Der weiche Sand gibt nach, wie beim Waten durch hohen Schnee. Immer wieder bleibe ich stehen und beobachte den Berghang voller Mißtrauen. Meine größte Sorge sind Sandlawinen. Wo Sand nur lose aufliegt, könnten meine Schritte eine Lawine auslösen, die mich verschütten würde.

In Zickzack-Linien bewege ich mich aufwärts, immer bemüht, den Steilflanken an ihren gefährlichsten Stellen auszuweichen. Meine Fußspuren füllen sich schnell mit Sandkörnern, und der Wind wird sie bald völlig zugeweht haben. Niemand wird mich finden, wenn ich in diesem Meer von Sand in Not gerate. Ein beklemmendes Gefühl und ein Gefühl des Unbehagens, gegen das ich versuche anzukämpfen. Ich wußte vorher, wie riskant es ein würde, allein auf diesen Berg zu steigen. Ich gehe weiter. Noch besteht für mich kein Grund umzukehren.

Ich war elf Jahre alt, als ich zum ersten Mal ein Gebirge sah. Damals im Riesengebirge muß meine Leidenschaft fürs Bergsteigen erwacht sein. Seitdem verspüre ich beim Anblick eines jeden Berges sofort den Wunsch, auf seinem Gipfel zu stehen. Dabei ist es weniger von Bedeutung, das Ziel zu erreichen, wichtiger ist für mich der Weg dorthin. Denn erst durch den anstrengenden Aufstieg entsteht in mir das Gefühl, den Berg wirklich zu erleben, zu ihm eine Art persönliche Beziehung zu finden.

Es ist deshalb nicht verwunderlich, daß mich der Cerro Blanco mit magischer Kraft angezogen hat. Jetzt wehrt er sich gegen mich mit seinem weich fließenden Sand. Jedesmal aber, wenn ich glaube, nicht mehr zu können, und schon geneigt bin umzukehren, zeigt er mir ein Weiterkommen. Der Berg ist abweisend und einladend zugleich, mal entzieht er sich spröde, mal lockt er mich verführerisch höher und höher.

Immer öfter bleibe ich stehen, um Atem zu holen. Ich schaue hinunter, weit in die Ebene, kann aber keine Wüstenzeichen erkennen. Trotzdem habe ich das Gefühl, daß sie mit dem Berg im Zusammenhang stehen müßten.

Der peruanische Archäologe Toribio Mejia Xesspe bezeichnete die Nazca-Linien schon seit Beginn ihrer Entdeckung als heilige Wege, als *ceques*. Andere Wissenschaftler nannten sie *pathways to the mountain gods*, »Pfade zu den Berggöttern«.

Auch in den Anden entdeckten Forscher kilometerlange Pfade, die zu heiligen Stätten führen: zu Steinschreinen, Bergspitzen und Quellen. Auf diesen schnurgeraden Wegen pilgern die Indianer noch heute zu den Heiligtümern, um dort ihre Opfer zu bringen: Kokablätter, Zigaretten und Nahrungsmittel. Der tiefverwurzelte Glaube und die alten Traditionen sind in abgelegenen Dörfern im Gebirge bis heute lebendig.

Mit jedem Meter, den ich höher steige, hoffe ich, endlich den Gipfel zu sehen. Vom Waten im Sand verkrampfen sich meine Muskeln. Ich gehe einen letzten langen Dünenkamm entlang. Endlich oben! Erschöpft lasse ich mich niedersinken und genieße die Stille und mein Alleinsein.

Da entdecke ich in dem feingeriffelten Sand Spuren. Fußspuren von Menschen? Erschrocken und verunsichert schaue ich um mich. Nein, hier ist niemand! Ich bin allein auf dem Berg! Erleichtert atme ich auf.

Ich folge den Spuren und gelange zu einem kleinen Haufen aus Flußkieseln, vertrockneten Baumwollpflanzen, Stoffetzen und Meeresmuscheln. Sie können nicht zufällig da liegen! Irgend jemand muß sie hochgetragen und wie auf einem Altar niedergelegt haben. Also auch hier ist die Tradition noch gegenwärtig!

16 Die Toten im Wüstensand

Die Schwalben fliegen niedrig über das Schwimmbecken unseres Hotels. Ab und zu tauchen sie ihre Schnäbel ein und stillen im Flug ihren Durst. Ihre weißen Bauchfedern schillern blau von den Lichtreflexen des Wassers. Im Gartenpatio rankt sich Bougainvillea die Säulen empor. Kolibris schwirren umher. Ihr schneller Flügelschlag ist kaum zu sehen, wenn sie vibrierend in der Luft hängen und an einer Blüte saugen.

Nach anstrengender Filmarbeit in Hitze und Staub genießen wir es, heimzukehren in »unsere« Oase. Hier können wir neue Kräfte sammeln, unsere Arbeit überdenken, das Filmmaterial kühl lagern. Zwölf Rollen mit belichtetem Film stapeln sich bereits. Da sind das Interview mit Maria auf der Veranda und die Szenen in der Spirale, die Aufnahmen mit ihrer Schwester Renate am Turm und die *hacienda San Pablo*, in der Maria jahrelang Unterkunft fand. Auf zwei Rollen sind die Luftaufnahmen und auf einer weiteren aufsteigende Flugzeuge und eine Herde Kühe, die über die Startbahn trottet. Festgehalten sind die Meinungen der Piloten und die der Bewohner von Nazca, die Rede der alten Indianerin, die Ansichten der Bauern, der Baumwollpflücker, der Marktfrauen und der Wäscherinnen. Unser Ausflug in die Anden – dort wo das Wasser seinen Anfang hat und die Vikunjas grasen – ist ebenso dokumentiert wie die Arbeit des Töpfers Benavides und seiner Söhne in ihrer kleinen Keramik-Werkstatt. Wir haben das Interview mit Phyllis Pitluga und die Demonstration ihrer Vermessungsarbeit in der Wüste. Es verbleiben noch mehrere unbelichtete Filmrollen als Reserve. Wir ahnen nicht, wie nötig wir sie noch brauchen werden.

Ich habe in meinen Notizen geblättert und bin auf den Namen und die Adresse von Ricardo Bernalis gestoßen, der Wächter einer Ausgrabungsstätte ist. Señor Bernalis wohnt mit seiner Familie im Zentrum von Nazca. Die Gassen sind so eng, daß kein Auto durchfahren kann. An den Türen gibt es keine Namen und keine Hausnummern. Das scheint hier, wo jeder seine Nachbarn kennt, nicht nötig. Bereitwillig wird uns eine grüne Tür in einem einstöckigen Lehmhaus gezeigt.

Señor Bernalis ist von unserem Besuch nicht überrascht; er habe ihn erwartet, sagt er. Sofort ist er einverstanden, mit uns zur Ausgrabungsstätte Cahuachi zu fahren, er müsse nur das Hemd wechseln. Ins Haus möchte er uns lieber nicht einladen, denn er habe zwölf Kinder und der Raum sei einfach zu eng für Besucher.

Wenig später kommt er uns entgegen, umgezogen und mit blütenweißem Hemd. Seine Gestalt, die dunkelbraune Hautfarbe, das Kraushaar und seine Gesichtszüge zeigen seine negroide Abstammung.

Auf einer Piste fahren wir aus der Ortschaft hinaus. Der Staub weht als graue Fahne hinter uns her. Wir folgen dem Rio Nazca. Sein Flußbett, das nur wenige Wochen im Jahr Wasser führt, ist jetzt trocken. Den Bäumen scheint das nichts auszumachen, denn ihre Kronen leuchten in sattem Grün. Es sind uralte Huarango-Bäume, denen man den Kampf ums Überleben ansieht. Ihre Wurzeln ähneln Bündeln gewaltiger Taue, die sich weit um den Stamm spreizen und am Boden festkrallen.

Heute siedelt niemand mehr in diesem Teil des Tales, denn der Boden trocknet immer mehr aus. Nur der schmale Baumstreifen am Fluß windet sich durch die Dünen wie eine grüne Schlange. Plötzlich

Vor Drehbeginn – Jacob freundet sich mit dem Kind einer Indianerin an

bedeutet uns der Wächter, daß wir angekommen sind. »Da ist die Wüstenstadt!« ruft er.

Wir halten, steigen aus und sehen – nichts. Nichts außer Sandhügeln. Señor Bernalis streckt die Hand aus und sagt bedeutungsvoll: Cahuachi!

Ich mustere aufmerksam die Umgebung, kann aber nichts Bemerkenswertes entdecken. Meint er die zwei großen Dünen?

»Das sind keine Dünen, das waren Tempel!« verbessert er mich.

Ich bin enttäuscht. Unbewußt hatte ich mir Tempel vorgestellt, wie ich sie in Mexiko kennengelernt habe, geheimnisvolle, grandiose Steinbauten, mit hohen Treppen, Rundgängen, Plattenreliefs.

»In Peru wurden die Tempel aus *adobe*, aus Lehm, gebaut«, sagt Señor Bernalis. »Nun sind sie vom Wüstensand zugeweht. Es waren sechs Pyramiden, die größte über 40 Meter hoch.«

Der weiche Sand läßt die Umrisse verschwimmen. Nur allmählich kann ich Strukturen wahrnehmen. Es ist, als müßte man bei einer meterhohen Schneedecke das Relief des Bodens erkennen.

»Seit 1952 wird hier geforscht«, teilt uns der Wächter mit. »Schnell weht alles wieder zu, wenn die Grabungen wegen Geldmangels unterbrochen werden. Jetzt arbeiten gerade wieder italienische Wissenschaftler hier. Sie kommen aber nur selten.«

Er führt uns zu den freigelegten Lehmmauern und zeigt uns gewundene Gänge, Treppen, lehmgestampfte Böden und Podeste. Vielleicht war es das Haus eines Priesters oder eines Beamten der Tempelstadt? Manche Wissenschaftler vermuten, hier hätten mehr als 10 000 Menschen gewohnt, andere glauben, es sei ein religiöses Zentrum gewesen für die verstreut lebenden Bewohner der umliegenden Täler, die hier ihre Zeremonien und Kulte gefeiert hätten. Gab es etwa ein Orakel, zu dem die Leute pilgerten, um sich ihr Schicksal prophezeien zu lassen? Immerhin bedeutet *cahuachi* »Seher«.

Wind fegt über die freigelegten Mauerreste. Es sind bisher nur wenige Stellen, an denen Archäologen gegraben haben. Ich wünschte, es würde so bleiben. Unter den Sandschichten ist die Vergangenheit am besten vor Zerstörung geschützt, wie Blumen im Winter unter einer Schneedecke.

Inzwischen kann ich ganz gut erkennen, wo im Sand Gebäude verborgen sein könnten. Obwohl es nur unscheinbare Erhebungen sind, regen sie meine Phantasie mehr an als bloßgelegte Ruinen, die trostlos wirken und an der Sonne und im Wind zerbröckeln. Andererseits würde es mich sehr reizen, das Geheimnis dieser heiligen Stadt zu entdecken, hier zu graben. Trotzdem freue ich mich, daß Cahuachi noch fast unberührt ist.

Als wir zum Fahrzeug zurückgehen, fragt uns Bernalis: »Möchten Sie noch die *estaqueria* sehen? *Estaca* bedeutet Pfahl. Vielleicht meint er ein eingezäuntes Gebiet? Obwohl wir nicht wissen, was er uns zeigen will, stimmen wir aus Höflichkeit zu.

Wir fahren durch eine Dünenlandschaft mit nichts als Sand um uns. Plötzlich wird das Gelbweiß der Umgebung durchbrochen von pechschwarzen Stangen. Aus einer flachen Hügelkuppe ragen Pfosten in den Himmel. Wir halten an und steigen aus. Eine ungewohnte Stille umgibt uns.

»Was ist das?« frage ich.

»*La estaqueria.*«

»Wer hat sie hier aufgestellt und wozu?«

Niemand weiß es!«

Es sind 20 Pflöcke, fast alle gleich hoch, über drei Meter. Die dicksten haben einen Durchmesser von einem halben Meter. Sie sind in gleichmäßigen Abständen im Geviert angeordnet. Manche Pfosten gabeln sich oben, als hätten sie eine Dachkonstruktion getragen. Oder diente die Gabelung dazu, Sonne und Mond anzuvisieren? Immer die gleichen Fragen. Wir stehen ratlos vor den Zeugen einer vergangenen Kultur und sind mit unseren Deutungen hilflos. Wir können nur Vermutungen anstellen und nicht unterscheiden, ob hier ein Pavillon stand mit einem schattenspendenden Schilfdach oder ob es ein astronomisches Observatorium war.

Das eisenharte Holz der Pfähle stammt vom Huarango-Baum und hat im Wüstenklima tausend und mehr Jahre überdauert. Starke Stämme wie diese sind selten. Die Menschen hatten sicher einen besonderen Grund, die kostbaren Bäume zu fällen, um sie im Wüstensand aufzustellen. Die Überreste wirken bedrohlich und geheimnisvoll.

Einst bestand die *estaqueria* aus 240 Holzpflöcken in zwölf Reihen von je 20 Stück. Noch im Jahr 1926 sah der amerikanische Archäologe Duncan Strong die vollständige Anlage und fotografierte sie. Seit damals haben Holzsammler den Ort systematisch geplündert; denn Feuerholz ist in der Gegend knapp und teuer.

Es ist spät geworden. Die Sonne sinkt dem Horizont entgegen. Sie hat sich in einen rotglühenden Ball verwandelt. Wie eine mystische Erscheinung leuchtet sie zwischen den ebenholzschwarzen Stämmen. Stelle ich mich hinter einen Holzpfosten, der sich oben gabelt, dann ruht die Sonne wie eine rote Kugel in einer geöffneten Hand. Es sieht schön und mystisch aus.

Ich lege mit Jacob den Ausschnitt der Szene fest. Wir sind beide begeistert von dem großartigen Schauspiel, mit dem sich Geschichte und Natur verbinden.

Da die Filmrolle bald abgedreht ist, gehe ich zum Auto, um eine zweite Kassette zu holen. Als ich zurückkomme, fällt mir auf, daß mit Jacob etwas nicht stimmt. Statt zu filmen, steht er mit hängenden Schultern neben der Kamera und schaut verwirrt in die Ferne.

»Was ist los?« frage ich.

Er antwortet nicht, weist nur ratlos mit der Hand auf die Kamera. Ich blicke durch den Sucher. Der oberste Rand der Sonnenscheibe ist noch über der Holzgabel zu erkennen. Es sieht aus wie goldener Brei in einer Schüssel. »So eine schöne Einstellung! Warum drehst du das denn nicht?«

»Versuch es doch selbst«, ist die knappe Antwort.

Ich verbinde die Batterie mit der Kamera und zucke vor Schreck zusammen. Ohne daß ich den Schalter betätigt habe, hat sich die Kamera selbständig mit überhöhter Geschwindigkeit in Bewegung gesetzt. »Das ist nicht wahr! Das gibt es nicht!« Fassungslos starre ich auf den wild gewordenen Apparat. Jacob erlöst mich von dem Alptraum, indem er die Batterie abkoppelt.

»Das ist doch die Ersatzkamera, die sie uns geschickt haben! Wieso hat sie den gleichen Fehler wie unsere eigene?« stammle ich.

»Ich verstehe es auch nicht«, sagt Jacob. »Ich vermute, es liegt am Print, dem elektronischen Steuerteil. Der Kamerahersteller hat noch einen Ersatzprint mitgeschickt, ich hoffe, ich kann ihn gegen den defekten auswechseln. Wenn wir Glück haben, können wir morgen weiterarbeiten.«

Wir sind niedergeschlagen und fahren zurück nach Nazca. Die Sonne ist hinter dem Horizont versunken. In sattem Rot glüht die Himmelskuppel, als wäre sie ein Feuerschlund.

Jacob hat bis Mitternacht die Kamera zerlegt und konnte das Ersatzteil tatsächlich einbauen, das uns die Kamerafirma ahnungsvoll mitgeschickt hat.

Mit neuem Schwung beginnen wir am nächsten Tag von vorne. Wir holen Bernalis von zu Hause ab und fahren den gleichen Weg nach Cahuachi hinaus. Am Rand der Tempelstadt hat er sich eine Lehmhütte gebaut. Stolz zeigt er uns seinen kleinen Garten neben der Unterkunft. »Ich brauche eine Beschäftigung«, sagt er, »den ganzen Tag tatenlos hier herumzusitzen, würde mir nicht bekommen.«

Ich frage ihn, ob er schon mal einen Grabräuber, einen *huaquero*, erwischt habe.

»Nein, es gibt nur noch wenige, aber die sind so gewitzt, die lassen sich nicht fassen. Da könnte man ja Tag und Nacht auf sie lauern – die sind schlau und kommen erst, wenn man weg ist.«

»Wo sind denn hier Gräber?« frage ich.

Er streckt den Arm aus und beschreibt einen weiten Bogen. »Überall! Das Tal ist ein einziger großer Friedhof. Sie brauchen nur irgendwo zu graben, da stoßen Sie garantiert auf eine Begräbnisstätte. Alles ist voller Gräber, unter dem Sand, da liegt eins neben dem anderen. Ich zeige Ihnen nachher welche, die geöffnet worden sind.«

»Da ist ja ein Pferd!« ruft uns Jacob zu.

»Ja, es gehört mir«, sagt der Wächter. »Mein Sohn reitet meistens auf ihm.«

»Wir inszenieren eine kurze Sequenz für unseren Film. Bernalis besteigt das Pferd und reitet zu den freigelegten Mauern. Die Kamera haben wir oberhalb der Ausgrabungsstätte postiert. Das Weitwinkelobjektiv erfaßt die gesamte Szenerie: im Vordergrund das weitgeschwungene Wüstental, das der einsame Reiter auf seinem Rappen durchquert, im Hintergrund das dunkelbraune Plateau der Pampa mit den Wüstenzeichen.

Der Wächter ist bis zu der verabredeten Stelle unterhalb der Ruinen geritten und wartet auf weitere Regieanweisungen. Ich gebe ihm ein Zeichen, noch auf dem Pferd sitzen zu bleiben. Wir bauen die Kamera ab und schleppen die ganze Ausrüstung hinunter zum Fuß der Pyramide. Dort drehen wir eine Nahaufnahme von Bernalis, wie er vom Pferd steigt. Er behält die Zügel in der Hand und spricht ins Mikrofon: Er sei der Wächter dieser Stadt, die schon lange vom Sand verweht ist und deren Geheimnis Archäologen bis heute nicht hätten entschlüsseln können.

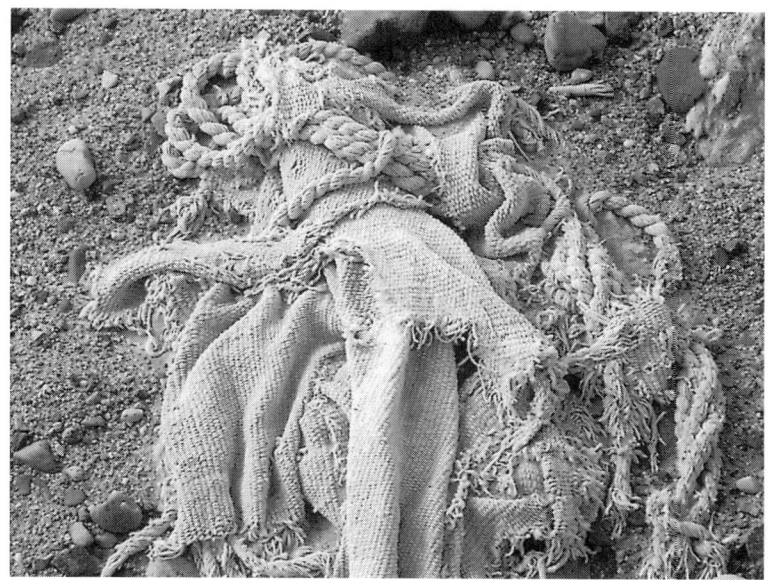

Begräbnissack einer Mumie

Dann geht er zur Ausgrabungsstelle hinauf. Wir folgen ihm mit der Kamera durch gewundene Gänge, die so eng sind, daß wir hintereinander gehen müssen. Für die Aufnahme plaziert sich Bernalis auf einem Lehmpodest, das verblüffend einem Thron gleicht. Auf unseren Wunsch wiederholt er, was er gestern schon erzählt hat, berichtet von den Ausgrabungen, bei denen er mitgeholfen hat. Ohne daß wir es zuvor abgesprochen hätten, fügt er dem Text noch seine eigene Ansicht hinzu: »Diese heilige Stadt wurde von Menschen der alten Nazca-Kultur errichtet. Sie schufen auch die Linien auf der Pampa, von denen einige bei den Pyramiden enden oder auf der anderen Seite des Tales weiterführen. Wir fanden hier Gefäße mit den gleichen Darstellungen wie auf der Pampa. Das ist für mich der Beweis, daß die Menschen, die früher hier lebten, auch die Linien und Figuren anlegten.«

Mittag ist lange vorbei, und wir beenden unsere Filmaufnahmen. Der Wind wird um diese Zeit durch die Hitze und den Auftrieb immer heftiger und faucht über uns hinweg. Plötzlich sehe ich, wie der Wind ein Büschel über dem Sand vor sich hertreibt. Bernalis hat es auch bemerkt. »Das sind Menschenhaare«, sagt er. »Sie stammen von Mumien. Die Grabräuber ließen sie meist liegen und nahmen nur Tonwaren, Schmuck und die farbigen Gewebe mit, die sie gut verkaufen konnten. Kommen Sie mit mir, ich zeige ihnen einige Gräber, die *huaqueros* geplündert haben.«

Er geht voran, die Düne hinauf. Oben angekommen, bietet sich uns ein erschreckender Anblick. Der Boden ist im weiten Umkreis völlig durchwühlt, ein Loch neben dem anderen, wie Trichter von Bomben.

Bernalis vertraut uns an, daß er früher einmal selbst *huaquero* gewesen sei. Immer wenn das Geld zu Hause knapp geworden war, hat ihn sein Vater mit hinausgenommen in die Totenstadt. Das war natürlich bei Nacht und Mondschein. Wenn sie glaubten, ein Grab gefunden zu haben, mußten sie bis fünf Meter tief graben. Sobald sie auf Holzbalken und Steine trafen, wurde es spannend. Sie wußten, daß sie auf den Deckel einer Grabkammer gestoßen waren. Im Inneren befand sich ein großes Tongefäß mit der Mumie eines Verstorbenen. Hatten sie Glück, war es das Grab eines Adeligen mit prunkvollen Beigaben: Schmuck aus Jade, Silber oder sogar aus fein gehämmertem Gold.

Wir gehen weiter. Stoffstücke und Haare flattern im Wind. Rotbraune Tonscherben liegen überall im Sand verstreut. Knochen, weiß, von der Sonne gebleicht. Ein trostloser Anblick. Tausende von Jahren haben die Toten unversehrt in ihren Grabkammern gelegen, von ihren Angehörigen mit allem versehen, von dem sie glaubten, es sei notwendig für den Übergang ins Totenreich. Ich habe ein Gefühl, als wären die Toten hier ein zweites Mal gestorben: herausgezerrt, beraubt und weggeworfen. Gnadenlos der Sonne ausgeliefert, reißt ihnen der Wind die Haare vom Kopf und löst Stück für Stück die vertrocknete Haut vom Körper, bis nur noch poröse Knochen übrigbleiben, die schließlich zu Pulver im Wüstensand zerfallen.

Wären die Grabräuber nicht gewesen, gäbe es heute genauere Kenntnis über die Menschen, die einstmals hier lebten. Wir wüßten mehr über ihre Sozialstrukturen, ihre Kriege, ihre Krankheiten und vielleicht auch mehr über die rätselhaften Zeichen in der nahen Pampa.

Es ist später Nachmittag, als wir die kilometerlange Wanderung durch die geplünderten Gräberfelder beenden und wieder beim Auto ankommen.

Kurz vor der Stelle, wo die Piste in die befestigte Straße mündet, erreichen wir die Hütte von Francisca Vargas. Der Wächter kennt die alte Frau und hat gesagt, bei ihr könnten wir eine Mumiensammlung besichtigen.

Francisca Vargas ist gerade beim Kochen. Ihre Küche befindet sich im Freien, neben der Hütte. Hier hat sie Regale mit Geschirr und Vorräten und eine offene Feuerstelle, auf der ein rußschwarzer Topf steht, in dem es brodelt. Etwas schüchtern und verlegen rührt sie im Kochtopf und begrüßt uns dann liebenswürdig. Mir gefällt ihr Gesicht, das trotz der vielen Runzeln nichts von seinem mädchenhaften Charme verloren hat.

Sie geht uns auf einem schmalen Weg unter hohen Bäumen voraus. Gelenkig springt sie über einen Graben und entfernt schwungvoll eine Plane, die über ein Holzregal gebreitet ist.

Obwohl wir vorbereitet sind, verschlägt es uns die Sprache: Da liegen, einer neben dem anderen, mindestens einhundert mumifizierte Schädel. Bei den meisten sind die Haare noch erhalten, schwarze, braune, rötliche. Manche haben sorgfältig verschlungene Flechten, andere viele kleine Zöpfe. Von der geschrumpelten, ledrigen Gesichtshaut ist nur noch wenig vorhanden. Bei fast allen liegen die Knochen frei – Totenschädel mit kunstvoll angeordneten Frisuren.

Francisca Vargas berichtet: Vor 40 Jahren seien die Mumienköpfe einfach auf dem Sand gelegen. Ihr Bruder hätte sie eingesammelt und zu ihr gebracht. Während sie spricht, streichelt sie mit einer Hand ganz wie nebenbei über die Totenköpfe und deckt sie dann wieder mit der Plastik-Plane zu.

An dem Ort, an dem der Bruder Franciscas einst die Mumien gefunden hatte, ist später ein neuer Friedhof entstanden. Dort im Wüstensand liegen jetzt Tote, die unter christlichem Zeichen beerdigt wurden. Wachspapierblumen, die im Wind rascheln und die der Sand langsam verweht, schmücken die Holzkreuze. Ich stelle mir vor, daß nicht alle Mumien gefunden und ausgegraben wurden. Vielleicht liegen sie noch hier, friedlich zusammen mit den anderen: die einen reich ausgestattet mit prächtigen Stoffen und kunstvoll getöpferten Gefäßen, die anderen im schlichten Holzsarg im Zeichen des Kreuzes mit Blumen aus Papier.

Die Vorstellung, daß sie zusammen im Sand begraben sein könnten, macht mir den Unterschied besonders deutlich zwischen damals und heute: Die Menschen der Nazca-Kultur müssen eine völlig andere Vorstellung vom Tod gehabt haben. Ich glaube, der aufwendige Totenkult wurde nicht nur betrieben, um den verstorbenen Angehörigen den Übergang ins andere Sein zu erleichtern, sondern es ging auch um Angst, die Angst vor den Toten selbst. Deshalb band man ihre Körper mit Stricken in Hockstellung zusammen und wickelte sie in viele Tücher. Eine symbolische Handlung. Sie versprach Ruhe vor dem rächenden Geist der Toten, denn die Toten hatten Macht über die Lebenden. Man tat alles, um sie gütig zu stimmen, damit sie Schutz spendeten und kein Unheil stifteten.

Die Abendsonne verzaubert den tristen Ort und wärmt die einsamen Gräber mit ihrem Licht. Sie vergoldet den Sand und läßt die verblichenen Papierblumen leuchten wie kostbares Silbergeschmeide. Wir haben noch einige Meter Film übrig und wollen versuchen, die Stimmung einzufangen. Es ist unsere letzte Rolle. Wir beginnen mit der Großaufnahme einer Wachsblume im Gegenlicht der Sonne und enden mit einer Totalen auf dem Friedhof.

Jacob will zur Auswahl noch eine zweite Sequenz in umgekehrter Abfolge drehen. Ich stehe neben der Kamera, um die Schärfe am Objektiv zu korrigieren. Ohne daß einer von uns den Apparat auch nur berührt, beginnt wieder der Spuk: Selbsttätig filmt die Kamera. Schnell sind die wenigen Meter durchgejagt – und dann hört sie nicht auf, bis Jacob die Stromzufuhr unterbricht. Dreimal der gleiche Defekt! Wie ist das möglich? Wir haben zwar alle Aufnahmen gedreht, die wir für unseren Film brauchen, aber wir kommen mit zwei kaputten Kameras zurück. Keiner wird uns das glauben, denn unsere Kamera gehört zu den Filmgeräten, die für ihre sprichwörtliche Zuverlässigkeit bekannt sind! Arri-Kameras funktionieren tadellos unter extremen klimatischen Bedingungen, im feuchtheißen Dschungel, in arktischer Kälte und in staubigen Wüsten. Was könnte nur die Ursache für die ungewöhnlich häufigen Ausfälle sein?

Humorvoll berichtet Jacob den Schwestern Reiche beim Abendessen von dem neuen Kameraspuk. Maria ist nicht überrascht: »Das waren die Dämonen der Pampa. Sie wollten euren Film verhindern. Doch die guten Geister haben dafür gesorgt, daß ihr euren Film dennoch beenden konntet.«

Ich nehme natürlich an, daß Maria scherzt, denn wie könnte sie, die logisch und nüchtern denkende Wissenschaftlerin, an Dämonen und Geister glauben?

»Es ist nicht wichtig, was wir glauben, sondern es kommt darauf an, was ist«, antwortet sie.

»Und? Gibt es wirklich Dämonen in der Pampa?« frage ich, um den Scherz weiterzutreiben.

Maria sagt ernsthaft: »Das weiß ich nicht. Ich bin viel zu klein, um das zu wissen. Ich habe mich immer an das gehalten, was für mich meßbar war. Während der langen Jahre in der Pampa aber habe ich gespürt, daß da etwas ist, was ich nicht beschreiben kann.«

17 Die Nacht in der Wüste

Heute ist die letzte Möglichkeit, mir meinen Wunsch zu erfüllen, eine ganze Nacht allein in der Wüste zu verbringen, denn schon morgen werden wir nach Lima zurückfahren.

In meinen Rucksack habe ich Pullover, Anorak und Schlafsack gepackt, da es nachts kalt werden wird. Jetzt am Spätnachmittag strahlt mir die Wüste wie ausgeglühte Schlacke entgegen. Eine vertrocknete, abgestorbene Welt, in der flimmernde Luftgeister ihr Spiel treiben. Hier steht die Zeit still, und keine Veränderung scheint möglich. Dennoch wirken gewaltige Kräfte: Zuerst kreiselt etwas in Bodennähe, wird länger und länger, gewinnt an Schwung und richtet sich auf zu einer Säule, um einen verrückten Tanz aufzuführen. Wie mit einem Rüssel saugen diese Wirbelwinde Staub empor, drehen sich wie wild und rasen über die Ebene. Haben sie ihre Kraft verbraucht, fallen sie einfach in sich zusammen. Bei meiner ersten Wüstenwanderung hatte ich diese tanzenden Windderwische nicht gesehen. Sie entstehen erst am Nachmittag, wenn es extrem heiß ist. Obwohl sie mit großer Geschwindigkeit über die Wüste jagen und viel Staub aufwirbeln, sind sie keine Gefahr für die Wüstenzeichen, denn der Boden ist durch den Gipsgehalt so fest, daß sie nur kleinste Partikel losreißen. Maria meint sogar, sie würden ähnlich einem riesigen Staubsauger die Linien säubern.

Gern hätte ich den Abend auch im Hotel verbracht, denn Gabriele Artadi, eine junge Verwandte der Reiches, ist heute angekommen. Sie ist mit einem Peruaner verheiratet und lebt in Lima. Renate Reiche hat mir ihre Geschichte erzählt: »Wir hatten Gabi nach Peru eingeladen. Sie sollte hier Urlaub machen und mir bei der Pflege von Maria helfen. Aber wissen Sie, was geschah? – Sie verliebte sich in den ersten Peruaner, den sie sah! Tatsächlich! Das war der Rollando. Er ist Pilot, und ausgerechnet ich hatte ihn gebeten, Gabi mit dem Flugzeug von Lima abzuholen. Ich konnte ja nicht ahnen, was ich damit anrichte. Gabi blieb zwar in Peru, aber ich war wieder ohne Pflegehilfe.«

Ich stelle mir vor, wie sie jetzt alle im Gartenpatio sitzen, plaudern, erzählen und lachen – ich fühle mich plötzlich sehr einsam. Jetzt erscheint mir die steinige Pampa plötzlich langweilig und eintönig.

Doch schnell zieht mich die Wüste wieder in ihren Bann mit ihrer Stille und ihrem Frieden. Längst drehen sich keine Wirbelwinde mehr. Ich setze mich auf den Rucksack, um den Untergang der Sonne zu genießen. Ohne ihre ganze Pracht zu entfalten, verschwindet sie hinter einer grauen Wolkenwand. Ich warte noch eine Weile, aber sie bleibt verborgen hinter einem Schleier von Wolken. Maria Reiche und viele andere machen ein Bergwerk für den Dunst verantwortlich. Die Mine Marcona ist 40 Kilometer von Nazca entfernt. Seit Ende der 50er Jahre erfolgte der Abbau hauptsächlich im Tagebau. Die Sprengungen schleudern viel Staub hoch in die

Luft, der sich fein über das Land verteilt und die Sicht behindert. Da Maria jahrzehntelang das Wetter in Nazca beobachtet hat, kann sie am besten die Klima-Veränderung beurteilen. Sie meint, daß in den ersten Jahren ihres Aufenthaltes der Himmel immer klar war. Sieben gestaffelte Bergketten seien zu erkennen gewesen. Bewölkt war es so gut wie nie.

Ob der Horizont früher deutlicher zu erkennen war oder nicht, ist wichtig zur Bestätigung ihrer Theorie des astronomischen Kalenders. Manche ihrer Widersacher behaupten nämlich, Marias Theorie könne schon deswegen nicht stimmen, weil des Dunstes wegen die Sterne gar nicht angepeilt werden konnten.

Ohne daß ich es gleich bemerkt habe, leuchtet dort, wo die Sonne in den Wolkendunst eingetaucht ist, ein rötlicher Schein. Er breitet sich aus, ergießt sich über den Himmel wie Himbeersoße.

Schnell kommt die Dämmerung. Hoch oben flackert ein Stern – wie eine Lampe, die eben angezündet wurde. Nacht breitet sich um mich aus. Eine samtschwarze Nacht mit flimmernden, schimmernden Sternen.

Mit der Dunkelheit wird es kalt. Ich hülle mich in den Schlafsack und beobachte den Himmel. Ich sehe das Kreuz des Südens, das aus vier hellen Sternen besteht. Der südliche Sternenhimmel hat andere Bilder als der nördliche, dennoch sind manche, wie der »Große Wagen«, auch hier zu sehen – nur scheinen sie auf dem Kopf zu stehen. Es ist schwer, das glänzende Gefunkel Sternbildern zuzuordnen. Es müssen sehr phantasievolle und zugleich abstrakt denkende Menschen gewesen sein, die die unglaubliche Vielzahl der Sternenhaufen zu Figuren ordneten.

Hier, wo keine Straßenlaternen und kein Lichtdom über einer Stadt stören, strahlt der sternenübersäte Himmel unerträglich hell. Immer wieder muß ich meine Augen abwenden. Es ist direkt erholsam, ab und zu auf den dunklen Boden zu blicken. Ich kann dann die Linie erkennen, auf der ich gekommen bin. Die Helligkeit ist so groß, daß ich ihren Verlauf bis zum Horizont sehen kann. Maria meint, daß ein Stern angepeilt werden konnte, indem man einen Faden oder Stab mit ausgestrecktem Arm so hielt, daß er als Lot diente – vom Stern zur Linie.

Kritiker haben gegen Marias astronomischen Kalender einge-
wandt, daß ein Volk von Ackerbauern keine komplizierten Beobachtungen und Berechnungen der Sternenkonstellationen anstellen
konnte. Mir fällt »mein« *campesino* wieder ein, der hinter seiner
Lehmmauer stand und sagte, ganz andere Merkmale seien für die
Bauern bedeutsam, nämlich die Natur und ihre Zeichen.

Doch die Nazca-Kultur bestand nicht allein aus Bauern, es gab
auch eine Oberschicht von Priestern und Stammesfürsten. Davon
zeugen die Tempel von Cahuachi, die Grabbeigaben und die Motive
auf Keramiken und Stoffen. Den Priestern mögen die astronomischen Kenntnisse dazu gedient haben, Macht über das Volk auszu-
üben. Vielleicht konnten sie sogar Sonnenfinsternisse vorhersagen
und die unwissende Bevölkerung damit stark beeindrucken.

Kein Windhauch. Kein Laut. Allein Ruhe und Nacht. Die Verlas-
senheit und Einsamkeit sind vollkommen. Jeder Mensch, ganz
gleich welchen Glauben und welche Weltsicht er hat, würde von
dieser strengen, herben Schönheit berührt sein. Fast will mir scheinen, die Linien wurden für einzelne Menschen gemacht, für Priester, Zauberer, Schamanen, die nachts die Einsamkeit der Pampa
suchten. Sie hielten dort Zwiesprache mit der Götterwelt, flehten
um Rat und Hilfe für ihr Volk. Aber sie gingen auch hinaus in die
Ebene, um sich zu besinnen, um tief und immer tiefer einzudringen
in die Geheimnisse des Lebens, um den Ursprung unseres Daseins
zu erforschen und unseren Weg im Universum zu erkennen. Vielleicht nahmen sie Drogen aus Kokablättern, aus Datura, einem
Stechapfelgewächs, oder vom San-Pedro-Kaktus. Im Drogenrausch
konnten sie die Grenzen der menschlichen Existenz verlassen, sie
flogen empor zum Reich der Ahnen, der Götter und Geister, und bei
diesem imaginären Flug sahen sie die Erdzeichen unter sich. Sie
flogen über den Kolibri und vereinigten sich dabei mit dem Geist
dieses Göttervogels, nahmen seine Gestalt an, wurden selbst zum
Kolibri, zur Spinne, zum Affen und zum Kondor.

Die Imagination wird gespeist von der Wirklichkeit. Damit die
Zauberpriester während eines Drogenfluges die Figuren sehen
konnten, mußten diese tatsächlich existieren und sich in ihrem Be-

wußtsein abgebildet haben. Die Bilder der Ekstase, auch des Wahnsinns sind zwar bizarr und scheinen nichts mit der Wirklichkeit zu tun zu haben, aber alle Elemente stammen aus der Realität unseres Daseins. Sie sind nur zu anderen Mustern zusammengefügt, wie wir sie »normal« nicht wahrnehmen können. Der Mensch kann niemals die Grenzen seiner Welt verlassen, sondern seine Erfahrungen nur – ähnlich wie im Traum – anders kombinieren.

Ich bin allein in der Steinwüste. Nichts ist zwischen mir und dem Himmel. Lange schaue ich hinauf. Ich fühle mich durchlässig und habe das Gefühl, da sind Dinge, die ich zwar nicht verstehen, aber empfinden kann. Das breite Band der Milchstraße dominiert den Himmel. Niemals ist mir auf unserer nördlichen Erdhalbkugel aufgefallen, daß die Milchstraße eine so starke Leuchtkraft besitzt. Sie überstrahlt hier alles. Wie ein gewaltiger, glitzernder Strom fließt sie durch die Nacht. Da erinnere ich mich an die Erzählungen einer Indianerin vom Stamm der Salasaca in den Anden. Sie hatte sich neben mich gesetzt, auf den breiten, glatten Stumpf eines gefällten Eukalyptus-Baumes. Ich war enttäuscht, weil mir der Ältestenrat verboten hatte zu filmen. Wir schwiegen beide und schauten hinaus in die Nacht. Mir gefiel das Leben in dem Indianerdorf sehr, und ich war traurig, nicht bleiben zu dürfen. Die Indianerin wollte mich aufmuntern. Sie zeigte auf die Milchstraße und fragte, ob ich das Lama dort oben sehen könne. Ich bemühte mich vergeblich, ein Sternbild zu finden, das der Form dieses Tieres entsprach. Sie lachte belustigt und klärte mich auf: Ich müsse nach dunklen Flecken in der Milchstraße suchen. Und wirklich – wie bei einem Vexierbild, wenn man die Augen auf die richtige Ebene einstellt – sah ich plötzlich eine dunkle Figur in der Milchstraße. Der lange Körper mit dem gebogenen Hals könnte tatsächlich ein Lama darstellen. Als ich es lange genug fixiert hatte, überkam mich das Gefühl, dort am Himmel sei ein riesiges schwarzes Tier.

»Siehst du auch das Baby, das bei der Mutter trinkt?« fragte die Indianerin.

»Ja, vielleicht. Aber es liegt ja auf dem Rücken«, erwiderte ich. Sie aber blieb dabei, das kleine Lama würde stehen und bei der Mutter am Euter saugen.

145

Ich freue mich, daß ich jetzt die Silhouette des schwarzen Lamas in der Milchstraße wiedererkenne. Es gibt noch mehr dunkle Flekken in der Milchstraße, wie die Schlange mit ihrer charakteristischen Zickzack-Form.

Die Indianerin hatte mir damals noch erzählt, wie das Himmelslama das Geschehen auf der Erde beeinflußt: Ganz vorsichtig nähert es sich in der Nacht dem Horizont, und wenn niemand hinschaut, betritt es die Erde. Es sucht nach Wasser und säuft sich voll. Würde das Lama nicht trinken, wäre die Erde bald überschwemmt. Manchmal trinkt es zuviel, dann bricht eine Dürre herein. In der Trockenzeit steht das Lama niedrig am Himmel und kann dadurch leichter ungesehen auf die Erde gelangen. Erscheint aber die Himmelsschlange über dem Horizont, ist das ein Zeichen für den Beginn der Regenzeit. Das Lama befindet sich hoch oben am Firmament und kann das Wasser nicht wegtrinken. Mit der Regenschlange kommen auch die Schlangen auf der Erde aus ihren Verstecken hervor.

Ich war immer wieder beeindruckt, wie genau die Indianer ihre Umwelt beobachteten und die Erscheinungen in Beziehung zueinander setzen. Ihre Mythologien spiegeln die natürlichen Phänomene. Deshalb ist es nicht verwunderlich, daß auch in der Pampa von Nazca die beiden Lamas dargestellt sind.

Ich bin müde geworden vom Schauen in das Sternengeblinker und lege mich zum Schlafen auf den blanken Wüstenboden.

Ich muß nur kurze Zeit geschlafen haben, als mir etwas Helles ins Gesicht strahlt. Überrascht öffne ich die Augen und sehe den Mond, wie er mir noch nie begegnet ist. Wie eine Blutorange bricht er aus der Dunkelheit hervor. Ich fühle mich seltsam von dieser fast magischen Himmelserscheinung berührt, und ich glaube, eine unbekannte Kraft zu spüren, die von ihr ausgeht.

Ich kann jetzt gut nachempfinden, wie groß die Bedeutung des Mondes für die Küstenbevölkerung gewesen sein muß. Sie erlebten seine Macht über das Meer, sahen das Wasser verebben und machtvoll zur Flut wieder ansteigen. Anders die Indianer im Gebirge: Sie verehrten die Sonne als oberste Gottheit. Nach der kalten Nacht ersehnten sie das Erscheinen der Sonne, des lebenspendenden Elements. Sie schmilzt das Eis der hohen Gipfel, sie läßt die Quellen entspringen und Bäche sprudeln. Den Indianern an der Küste dagegen bringt die Sonne Gefahr und Not. Die Pflanzen verdorren unter ihrer Gluthitze, die Flüsse trocknen aus, und die Quellen versiegen. Deswegen fürchteten sie den Sonnengott und verehrten dafür den Mond. Unter seinem milden Licht während der Nacht erholen sich die Pflanzen und saugen den Tau und den Nebel auf, der sich über das Land ausbreitet. Aber der Mond hatte, wie alle Naturgottheiten, auch seine negative Seite. Er erschreckte die Menschen mit Überschwemmungen und Sturmfluten. Deshalb mußte auch der Mond mit Opfergaben versöhnt und gütig gestimmt werden.

Ich schlafe ein mit dem Gefühl, es würden Tausende von Jahren Menschheitsgeschichte zusammenschrumpfen zu einem einzigen Tag; als könnte ich durch die Zeiten gehen wie durch ein Haus mit vielen Zimmern, jedes Zimmer einer Epoche zugeordnet, mit allen ihren Merkmalen und Erscheinungen. Ich erkenne die bunte Vielfalt, die Verschiedenartigkeit, aber auch den gemeinsamen Kern, der alle Kulturen miteinander verbindet: mit der Umwelt in Einklang zu leben und sie dennoch zu Gunsten des Menschen zu beeinflussen und zu verändern.

Es ist noch Nacht, als ich erwache. Die Sterne leuchten am samtschwarzen Firmament. Ich muß viele Stunden geschlafen haben, denn den Mond sehe ich nur noch als kleine, silbrige Scheibe. Ich bin noch befangen vom Schlaf und empfinde die Leere des Raumes um mich wie einen Sog, als würde ich den Halt verlieren und mit Macht zum Erdmittelpunkt gezogen. Nur langsam gelingt es mir wieder, mich auf festem Grund zu fühlen.

Plötzlich eine grelle Leuchtspur am Himmel! Für Sekunden sehe ich einen kalten, bläulichen Schein, eine blaue Kugel mit rotem Schweif, die auf die Erde rast. Vor Überraschung und Schreck habe ich vergessen zu atmen. Noch nie habe ich bisher einen Meteoriten dieser Größe gesehen.

Unmerklich lichtet sich die Dunkelheit. Ein fahler Schimmer kriecht sacht am Horizont herauf. Unaufhaltsam fließt er über die Himmelskuppel, breitet sich aus, wird heller und heller. Schon fällt er als Licht vom Himmel auf die Erde. Der Boden ist keine schwarze

Fläche mehr. Graue Schatten zeichnen Konturen. In diesem Augenblick, als der Tag geboren wird, bläst mir plötzlich Wind ins Gesicht. Es ist ein sanfter Windhauch, aber er trifft mich unvermittelt, als wäre plötzlich eine Tür geöffnet worden. Zuvor in der Dunkelheit war es völlig windstill, jetzt da es licht wird, rollt der Wind in weichen Wellen über die erwachende Welt. Die grauen Schatten füllen sich mit Farben: Ocker, Sepia, Umbra – alle Töne fließen miteinander, übereinander, ineinander.

Die letzten Sterne verblassen. Wie winzige Laternen, deren Energie die Nacht aufgebraucht hat und die nun vergehen im frühen Morgenlicht. Durchsichtig aquamarinblau ist das Himmelsgewölbe, wie ein kristallenes Hohlrund. Ein leichter rötlicher Schimmer mischt sich in das Blau, als wäre ein Tropfen Blut hineingefallen.

Da blitzt es am Horizont, und ein glühender Punkt sendet Strahlen aus wie goldene Schwerter. Schnell entwickelt er sich zu einer prachtvollen Scheibe. Alles auf der Erde wird schlagartig weit und größer. Die erdbraunen Farben der Wüste leuchten intensiver, und die Steine beginnen zu glitzern. Das Lichtorchester spielt mit vollen Tönen ein gewaltiges Werk, als wäre die Welt gerade erschaffen worden.

Ich erinnere mich an den Aufgang des Mondes vergangene Nacht. Er hatte mich mit seiner warmen Kraft, seiner stillen Magie tief berührt. Die Sonne hingegen ist nicht still und geheimnisvoll, sondern gewaltsam, drängend, fordernd. Machtvoll schleudert der Sonnengott seine goldenen Schwerter und trifft mitten ins Herz. Er wartet nicht, bis die Erde langsam aus dem Schlaf erwacht, sondern ergreift sofort von ihr Besitz.

Der Wind weht jetzt kräftiger. Noch ist er kühl, aber er trägt schon den Duft von heißer Sonne mit sich. Ich bin froh und heiter, als wäre auch ich neugeboren wie der beginnende Tag. Der Sonnenaufgang hat mich mit Energie und Tatkraft erfüllt. Ich fühle mich frei und wild. Als wären Eisenbänder in mir zersprungen, breitet sich meine Seele aus, fliegt mit dem Wind hinaus in das Blau und Gold des Morgens.

18 Im Schatten des Esels

Mit glühendem Kopf, erschöpft und verschwitzt, komme ich ins Hotel zurück. Jacob hat den »Falcon« mit unserer Ausrüstung längst bepackt und wartet bereits auf mich.

Ich bin noch gar nicht auf die Rückfahrt eingestellt. Mir ist zumute, als hätte ich gerade erst einen Zipfel der Wirklichkeit gefaßt und müßte bereits wieder loslassen und in ein Scheinleben zurückfallen. Mir bleibt keine Zeit zur Besinnung. Ich muß mich beeilen und gehe zu Maria und Renate, um mich von ihnen zu verabschieden. Als ich verspreche, bald wiederzukommen, ist es wie die Beschwörung eines Wunsches. Später, als ich schon im Auto sitze, klingen die Worte Marias in mir nach. »Wir werden niemals für alles eine Erklärung finden, denn aus jeder Antwort entstehen fünf neue Fragen. Aber gerade das macht das Leben so interessant.«

Wir verlassen Nazca auf der Panamericana zur Rückfahrt nach Lima, fahren ein letztes Mal am Aussichtsturm Marias vorbei und winken dem Wächter Hector zum Abschied zu.

Ich bin froh, daß sich unsere Anstrengungen gelohnt haben und wir trotz aller widriger Umstände unsere Filmarbeit mit viel Glück beenden konnten.

Wir durchqueren rasch das Gebiet der Wüstenzeichen, wo ich die vergangene Nacht im Freien verbrachte und mich auf »meinen Weg zu den Sternen« begab. Jetzt, beim Blick aus dem Autofenster, ist alles nur grau. Nichts Geheimnisvolles und Magisches ist aus dieser Sicht zu spüren. Mir wird bewußt, wie wenig wir doch mit unseren Sinnen die Wirklichkeit erfassen. Deshalb werden es immer Spekulationen sein, mit denen versucht wird, die Wüstenzeichen zu enträtseln. Wir betrachten die Zeichen mit dem Wissen unserer Zeit. Aus diesem Blickwinkel soll alles nützlich, praktisch und anwendbar sein. Wir lassen immer nur logische Erklärungen zu, die funktional sind und dem technisch-wissenschaftlichen Interesse unseres Jahrhunderts entsprechen. Mit dieser Sehweise können wir die Zeichen sicherlich niemals deuten. Die Antwort liegt jenseits, in der Vergangenheit. Wir müssen uns in das Leben der Menschen von damals versetzen, wenn wir verstehen wollen. Vielleicht ist das die Botschaft der Linien und Figuren: Grenzen überwinden, das Sehen erweitern und das Fühlen verstärken.

Gerade weil nie eine endgültige Antwort möglich sein wird, ist für uns das Rätsel von Nazca so wichtig. Es fordert uns immer aufs neue heraus, beansprucht unsere Vorstellungskraft, unsere Phantasie. Es vermittelt uns eine Ahnung von einer anderen Weltsicht und stellt so auf subversive Weise unsere heutige Lebensform in Frage.

Als ich mir einen Überblick über die verschiedenen Theorien und Spekulationen verschaffte, hatte ich den Eindruck, daß jeder in den Wüstenzeichen das sieht, was seinen eigenen Interessen entspricht. Mir mag das gleiche geschehen sein. Ich habe die Linien immer im Zusammenhang mit Menschen gesehen, versuchte mir vorzustellen, wie sie gelebt haben, was sie dachten, fühlten, hofften und glaubten.

Meine Vorstellungen entstanden, indem ich mich an Begegnungen und Erlebnisse mit Indianern im Andenhochland erinnerte: Sie führen bis heute ein Leben, das geprägt ist von alten Werten und Überlieferungen. Für sie gibt es keine unbelebte Natur, alles hat eine Seele, und alle Seelen sind miteinander verbunden. Sie leben im Einklang mit der Natur und passen sich ihrem Rhythmus an. Ich bewundere ihre starke innere Kraft und ihren Glauben, mit dem sie der unberechenbaren Natur gegenübertreten, und wie sie es meistern, unter den harten Bedingungen ihrer Umwelt zu überleben.

In den Anden von Ecuador habe ich ein Gedicht gehört, das mir ihre Vorstellungswelt näherbrachte. Ein Mann hatte es zuerst in seiner Sprache, in quechua vorgetragen, einer starken, dramatisch klingenden Sprache, und dann den Text für mich ins Spanische übersetzt. Er hatte erklärt, daß das Spanische den Text nicht vollständig wiedergeben könne. »Es gibt Dinge«, sagte er, »die können wir nur in unserer Sprache sagen. Euch fehlt unsere Tradition mit unseren Erfahrungen und unserem Wissen, und damit fehlen auch Wörter und Begriffe.«

> *Tucui allpa mama shuclla amailla can,*
> *paipacmi canchic.*
> *Nucanchic shuncucuna mana huanurinca,*

shucman yallichinata ushancami.
Huanuchinata mana ushanca.
Shuc munaillami cauchic.
Shuc pachaallami tiyan.
Shuc pacha mama shina mana tiyan.

Die Erde hat eine einzige Seele,
und wir sind ein Teil von ihr.
Niemals können unsere Seelen sterben,
aber sich verändern, das können sie.
Wir gehören alle zu einer Seele,
denn es gibt nur eine Welt.

In steilen Serpentinen führt uns die Straße hoch zu einem Bergriegel. Er ist ein Ausläufer der Anden und liegt am Talrand des Rio Grande.

Von Ferne sehe ich eine dunkle Gestalt auf uns zukommen. Wir nähern uns schnell. Ich erkenne einen seltsamen, ja schrecklich aussehenden Menschen. Er ist nackt. Um seinen rußschwarzen Körper wehen nur Stoffetzen. Er rennt und rennt, in der glühenden Sonne, die staubige Straße entlang, nackt und barfuß. Wir haben in Nazca von solchen Läufern gehört, die verrückt und vom Wahnsinn getrieben vor ihren inneren Dämonen fliehen.

Da trifft mich beim Vorbeifahren der Blick des Mannes wie aus einer fremden Welt. Seine Augen sind wie die eines Tieres und Menschen zugleich. In ihnen spiegelt sich Haß und Verachtung, Gewalt und Wut, aber auch Verzweiflung und Hilflosigkeit. Ich fühle mich eigenartig betroffen, schäme mich fast, »normal« zu sein. Ich habe keine Ahnung von diesem Leben, das von Gewalten beherrscht wird, die ich mir nie werde vorstellen können. Nur für die Dauer eines Augenaufschlages traf mich sein Blick, scharf und brennend, und ich glaubte, in einen Abgrund zu sehen. Noch während er mich ansah, verlosch das Böse in seinen Augen, sie wurden stumpf und matt, und schwer senkten sich die Lider herab.

Erst viel später schaue ich noch einmal zurück. Weit unten am Auslauf der Serpentinen sehe ich ihn wieder als kleine, schwarze Gestalt. Er rennt noch immer.

Wir fahren auf die dunkle Öffnung des Tunnels bei Santa Cruz zu. Eine Ampel regelt die Durchfahrt und zeigt Grün. Wir folgen arglos dem vor uns fahrenden Laster. In der Mitte der Röhre kommt uns plötzlich ein riesiges Ding entgegen. Es kracht vor uns auf die Fahrbahn. Ein explosionsartiger Knall! Bremsen quietschen! Wir kommen dicht vor dem Hindernis zum Stehen, steigen aus und erkennen im Scheinwerferlicht einen mächtigen Eisenträger. Der Laster hat seine Ladung verloren, die uns beinahe zerschmettert hätte.

Jetzt sind wir inmitten des Tunnels von Fahrzeugen eingekeilt. Es geht nicht vorwärts und nicht rückwärts. Für Stunden sind wir in Dunkelheit und Auspuffgasen gefangen, bis das Eisenteil endlich an Seilen zum Ausgang geschleppt ist.

»Vielleicht war das ein Abschiedsgruß der Geister von Nazca«, sage ich, um den Schock zu überspielen.

»Ja, aber jetzt haben sie keine Macht mehr über uns, jenseits des Tunnels sind wir bestimmt sicher vor ihnen«, sagt Jacob, auf meinen Ton eingehend.

Wir fahren durch Ica, die letzte Ortschaft vor dem Gebiet der großen Sanddünen. Nachmittags, zur Zeit der schlimmsten Hitze, begegnen uns nur wenige Fahrzeuge. Wir fahren deshalb schneller als sonst und hoffen auf etwas mehr Kühlung durch die weit geöffneten Fenster. Aber der Fahrtwind, der hereinbläst, scheint aus einem Heißluftofen zu kommen. Wir spüren, daß wir uns einem gefährlichen Punkt nähern, an dem die Hitze nur noch betäubt und dann einschläfert. Wir beschließen anzuhalten, auf freier Strecke. Jacob geht um den Wagen herum und prüft, ob alles in Ordnung ist. Er hat sich das angewöhnt seit unserer Fahrt zur Pampa Galera, bei der wir den Auspuff beinahe verloren hätten.

Ich sitze noch erschöpft im Wagen, als Jacob mich fragt, ob ich sehe, was sich dort zwischen den Dünen bewegt. Sofort ist meine Neugier geweckt. Aber in der gleißenden Helligkeit und flirrenden Luft kann auch ich nichts Genaues erkennen. Es wird mühsam sein, durch den Sand dorthin zu gelangen, aber ich werde es versuchen.

Als ich nahe genug bin, sehe ich einen Esel und einen Hund. Der Esel ist mit einem kurzen Seil angepflockt. Er kann sich deshalb nur in einem Umkreis von wenigen Metern bewegen. Der Hund ist frei, läuft aber so, als wäre er unsichtbar mit dem Esel verbunden. Jeder noch so kleinen Bewegung des Esels folgt der Hund.

Der Anblick der gequälten Tiere macht mich hilflos, und ich weiß nicht, wie ich helfen könnte. Ratlos beobachte ich, wie die Tiere in der brütenden Hitze ausharren, ohne Schatten, ohne Wasser, Tage vielleicht schon, von ihrem Besitzer vergessen.

Der Esel macht einen Schritt vorwärts, senkt den Kopf und betastet mit seinem Maul suchend den verkrusteten Boden. Vergeblich ist sein Bemühen. Da gibt es keinen kühlenden Sand, kein Blatt, keinen Halm.

Der Hund ist dem Esel wieder gefolgt. Jetzt verstehe ich, daß er den schmalen, kaum wahrnehmbaren Schatten des Esels sucht. Er dreht sich ein paarmal im Kreise, scharrt den heißen Sand beiseite und legt sich in den Schatten des Esels.

Allmählich wandelt sich die Szene vor meinen Augen, und ich glaube, ein Gleichnis zu erkennen: Ähnlich dem Esel ist auch der Mensch mit seiner Körperlichkeit fest an die Erde gebunden. Der Hund dagegen symbolisiert für mich die Freiheit, die Freiheit des Geistes und der Gedanken. Aber der Hund kann von seiner Freiheit sowenig Gebrauch machen wie der Mensch, der seine Vorstellungswelt nicht verlassen kann. Um wirklich frei zu sein, müßte er aus dem Schatten seiner selbst heraustreten.

Unwillkürlich mußte ich an Nazca denken: Zu welchen Vorstellungen und Ergebnissen kämen wohl Menschen, die sich völlig frei und losgelöst vom bisherigen Denken dem Geheimnis der Wüstenzeichen nähern?

Nachdenklich gehe ich zur Straße zurück, wo mich Jacob ungeduldig am Auto erwartet. Morgen werden wir Peru mit dem Flugzeug verlassen und bald in vertrauter Umgebung sein.

Anhang

Peru in Stichworten

Peru ist der drittgrößte Staat Südamerikas (1 285 215 qkm). Politisch ist das Land eine präsidiale Republik mit einem aus zwei Kammern bestehenden Parlament. Wirtschaftliche Zentren liegen in der Küstenzone (Landwirtschaft, Anbau von Baumwolle und Zuckerrohr; Industrie, Fischmehl und Fischkonserven, Abbau von Bodenschätzen).

Kraß ist der Abgrund zwischen dem Reichtum einer kleinen Oberschicht und dem Elend breiter Bevölkerungsschichten. Durch die verheerende wirtschaftliche Situation, internationale Verschuldung und Inflation, staatliche Korruption und politisch motivierte Gewaltverbrechen wird die Situation in Peru immer instabiler.

Bevölkerung Die Einwohnerzahl beträgt etwa 20,8 Millionen. Die Bevölkerungsdichte von 16,2 Einwohnern pro Quadratkilometer (BRD, alte Bundesländer, 220 Einwohner) charakterisiert Peru als dünn besiedeltes Land. Das gilt vor allem für das Amazonastiefland, das 60 Prozent des ganzen Landes einnimmt. Das wüstenhafte Küstengebiet ist dagegen überbevölkert. Viele Menschen verlassen ihre Dörfer im Gebirge und siedeln sich in Elendsvierteln im Umkreis der Küstenstädte an, vor allem im Großraum Lima.

Landschaft *Costa, sierra* und *selva*, Küste, Gebirge und Urwald sind die drei parallel verlaufenden Landschaftsformen Perus.

Das Küstengebiet, das uns im Zusammenhang mit den Wüstenzeichen näher beschäftigt, ist ein 30 bis 150 km schmaler Streifen entlang des Pazifiks. Es erreicht eine Höhe von bis zu 500 Metern und nimmt etwa 10 Prozent der Gesamtfläche Perus ein. Obwohl in einer geographischen Zone gelegen, in der sich andernorts üppige tropische Wälder erstrecken, ist dieser Landstrich wüstenhaft trocken. Dieses klimatische Phänomen wird durch den Humboldtstrom bewirkt, eine kalte Meeresströmung mit antarktischem Wasser, die entlang der südamerikanischen Küste an die Oberfläche gelangt.

Durch dieses kalte Wasser kühlt sich die Luft über dem Pazifik so stark ab, daß die Feuchtigkeit zu kleinen Wassertröpfchen kondensiert und ständigen Küstennebel verursacht. Da jedoch über dieser feuchten, bodennahen Kaltluftzone wärmere, trockene Luftmassen liegen, lösen sich die Wolken nach oben auf. Deshalb kommt es in der Küstenwüste sehr selten zu Niederschlägen. Eine weitere Besonderheit der peruanischen Küste sind die von den Anden nach Westen herabströmenden Flüsse, die von Regenfällen und schmelzendem Eis des Hochgebirges gespeist werden. Deshalb verlaufen im Abstand von 30 bis 100 Kilometern fruchtbare Flußoasen durch das steinige Wüstenplateau.

Klima Die starken Klimaunterschiede in den einzelnen Landesteilen beruhen vor allem auf folgenden Faktoren:
1. den großen Höhenunterschieden, die sich entscheidend auf die Temperaturen auswirken.
2. den von Südost wehenden Passatwinden, die am Ostrand der Anden starke Steigungsregen auslösen, den Westen aber nicht berühren.
3. dem kalten Humboldtstrom an der Pazifikküste, über dem sich die oberflächennahe Luft abkühlt, was zur Bildung von Nebeln führt.

Das Klima an der Küste: Von April bis Dezember herrscht Nebel (*garua*). Temperaturen um die 15 Grad Celsius. Von Dezember bis April lösen sich die Nebelwolken meist auf, da die Sonne dann fast im Zenit steht. Die Temperaturen steigen auf 22 bis über 30 Grad Celsius. Regen gibt es so gut wie nie.

Praktische Hinweise

Reisevorbereitungen

Deutsche, Österreicher und Schweizer benötigen für einen Aufenthalt bis 90 Tage einen Reisepaß, der mindestens noch ein halbes Jahr lang gültig sein muß. Für einen längeren Aufenthalt muß das Visum beim zuständigen Konsulat beantragt werden.

Gesundheitsvorsorge Impfungen sind nicht vorgeschrieben, und es wird auch kein internationaler Impfpaß verlangt. Wer einfache Vorsichtsmaßnahmen beachtet, wird kaum krank werden: Kein Wasser trinken oder zum Zähneputzen und Waschen von Obst verwenden (außer wenn es 15 Minuten abgekocht oder desinfiziert wurde, z. B. mit Micropur), keine Eiswürfel, kein rohes Gemüse, keine Salate, kein ungeschältes Obst, keine offenen Fruchtsäfte. Allgemein gilt: Was Einheimische essen und trinken, wo sie sich waschen und baden, ist für Europäer noch lange nicht gut, weil wir weniger immun gegen Infektionen sind.

Kleidung Von Dezember bis April ist die wärmste Zeit in der Küstenwüste, und leichte, bequeme Sommerkleidung ist angebracht. Während der übrigen Monate des Jahres braucht man auch Pullover und Jacke. Wichtig sind Kopfbedeckung und Sonnenbrille.

Fahren im eigenen Wagen oder Leihwagen Internationaler Führerschein ist notwendig. Verkehrsregeln sind ähnlich wie in Deutschland, werden aber nicht so genau beachtet. Man sollte immer auf alles gefaßt sein und ein ausgezeichnetes Reaktionsvermögen besitzen. Vor unübersichtlichen Kurven wird gehupt, an engen Bergstraßen hat der Aufwärtsfahrende die Vorfahrt, der Abwärtsfahrende muß an einer Ausweichstelle warten, um den Gegenverkehr vorbeizulassen. Beim Linksabbiegen wird der Arm waagerecht aus dem Fenster gestreckt, beim Rechtsabbiegen wird der Arm nach oben abgewinkelt. Machmal wird auch gar kein Zeichen gegeben. Man gewöhnt sich schnell an diese Fahrweise und empfindet sie dann wesentlich weniger aufreibend als die europäische. Man hat einzig und allein darauf zu achten, was die Vorausfahrenden machen. Man kann sich selber auch Fehler leisten, die Hinterherfahrenden rechnen damit, und wenn man Glück hat, reagieren sie auch rechtzeitig. Bei einem Unfall kann man von der Polizei wenig Hilfe erwarten. Sie setzt darauf, daß sich die Beteiligten selber einigen. Bei Unfällen mit Personenschaden muß aber die Polizei benachrichtigt werden. An den Küstenstraßen gibt es ausreichend Tankstellen. Die Straßen, auch die Panamericana, sind meist in katastrophalem Zustand, tiefe Löcher, Querrinnen, kein befestigter Straßenrand.

Maßnahmen gegen Diebstahl Diebe gibt es in allen Ländern, und sie arbeiten überall mit ähnlichen Tricks. Möglichst keine wertvollen Gegenstände mitnehmen oder wenigstens nicht sichtbar werden lassen (z. B. Uhr nicht am Handgelenk tragen, Fotoapparat nicht um den Hals hängen, keine Hand- oder Schultertaschen). Sich überhaupt unauffällig kleiden und verhalten. Besonders aufpassen bei Märkten, bei Fiestas, in Warteräumen, öffentlichen Verkehrsmitteln und Bahnhöfen (Rasierklingentrick!). Besonders trickreiche Diebe spritzen Touristen von hinten mit Senf oder ähnlichem an und eilen dann hilfreich mit einem Papiertuch herbei, um beim Säubern zu helfen und dabei schnell in die Taschen zu langen. Gepäck läßt man niemals unbeaufsichtigt, aber das allein genügt nicht. Wir schützten uns – nach der Erfahrung mit dem gestohlenen Tonbandgerät klüger geworden – vor weiteren Diebstählen, indem wir alle Gepäckstücke mit einer Schnur verbanden.

Vorkolumbische Kulturen

20 000 v. Chr. siedelten erstmals nachweisbar Menschen im heutigen Gebiet von Peru (Fundplätze in Höhlen der Ayacucho-Region). Durch Klimaveränderung und das Aussterben der eiszeitlichen Großsäugetiere ergab sich ein allmählicher Übergang von der Jagd zu einer seßhaften Lebensweise mit Feldbau.

Um 6 500 v. Chr. bereits Kultivierung von Bohnen und Kürbissen, weitere Nutzpflanzen und Domestikation von Lamas folgten. Besonders wichtig war der Anbau von Mais.

1 700 bis 200 v. Chr. erste Hochkultur: die Chavin-Kultur. Benannt nach dem Tempelheiligtum bei Chavin de Huantar in den Anden. Tiergottheiten werden auf Steinstelen dargestellt: Jaguar, Adler und Schlange. Einige Forscher vermuten Beziehungen zur Olmeken-Kultur in Mexiko. Die Chavin-Kultur verbreitete sich über den ganzen Andenraum bis zur Küste (erste panperuanische Kultur) und beeinflußte 1 500 Jahre lang Menschen in ihrer religöskulturellen Entwicklung. Es gibt keinen Hinweis, daß der Chavin-Kultur eine politische Einheit im Sinne eines Reiches zugrunde lag.

900 bis 200 v. Chr.: Paracas-Kultur. Unbeantwortet ist die Frage nach dem Lebensraum der Menschen, die auf der Halbinsel Paracas, 200 km südlich von Lima, bestattet sind. Die Toten wurden in mehrere Meter tiefen Gräbern und in den Fels gehauenen Grabkammern gefunden. Ebenso rätselhaft sind die Art der Mumifizierung, die Gründe für die Schädeldeformierungen und Trepanationen (Öffnen der Schädelknochen). Neben Schmuck und Keramik fand man unglaublich fein gewebte Tücher, in die die Toten eingewickelt waren.

300 v. Chr. bis 600 n. Chr.: Nazca-Kultur. Die Entwicklung der Nazca-Kultur hängt eng mit der von Paracas zusammen. Forscher sprechen von einer Übergangsphase zwischen Spät-Paracas und der sich anschließenden Nazca-Kultur. Im 5. und 6. Jahrhundert erreicht die Nazca-Kultur ihren kunsthandwerklichen Höhepunkt, das wird deutlich an den Beigaben in den Gräbern, vor allem der Keramik. Die Gefäße sind mit dekorativen Mustern geschmückt. Mythologische Monstren verzweigen sich zu einem Chaos geometrischer Linien. Katzendämonen speien Schlangen aus, fliegende Kreaturen tragen Menschen oder deren Köpfe in ihren Klauen. Dabei wirken die Bilder nicht abstoßend und grausam, sondern sind ein phantastisches Zusammenspiel von Formen und Farben.

300 bis 700 n. Chr.: Die Vicús-Kultur ist die nördlichste Regionalkultur Perus in der Nähe von Piura. Alle Bauwerke und organischen Materialien sind durch das relativ feuchte Klima zerstört worden. Erhalten geblieben ist die Keramik. Die naturalistisch modellierten und bemalten Gefäße zeigen Fischfang, Jagd, Pflanzen und Tiere und Aspekte des Lebens der Menschen. Kunstvoll waren auch die Metallverarbeitung und die Goldschmiedekunst.

200 v. Chr. bis 700 n. Chr.: Mochica-Kultur. Sie gilt als bedeutendste der Regionalkulturen. Es gab ein gut organisiertes Staatswesen mit einer streng hierarchisch gegliederten Gesellschaft, an deren Spitze eine Kriegeraristokratie und Priester standen. Die Rangunterschiede zeigen sich in der Kleidung, den Wohnstätten und den

Grabbeigaben. Die genaueste Kenntnis über ihr Leben vermitteln naturalistische Tonplastiken, die alle Lebensbereiche berühren. Riesige Bewässerungssysteme wurden angelegt. Reste eines Kanals von 150 km Länge sind erhalten geblieben. Die Tempel und Paläste wurden aus Lehmziegeln erbaut. Bei Trujillo sind die Sonnen- und die Mondpyramide zu besichtigen.

200 v. Chr. bis 1000 n. Chr.: Tiahuanaco/Huari-Kultur. Diese entwickelte sich im Altiplano in der Nähe des Titicacasees und breitete bald ihren Einfluß aus bis zur Küste (zweite panperuanische Kultur). In fast 4000 Meter Höhe liegen die Ruinen von Tiahuanaco. Gewaltige, sorgsam bearbeitete und geglättete Steinblöcke türmen sich zu Mauern, Terrassen, Palästen und Pyramiden. Monolithische Götterfiguren wurden geschaffen.

1100 bis 1500 n. Chr.: Nach dem Zerfall des Reiches von Tiahuanaco/Huari entwickelte sich in Peru ein buntes Mosaik verschiedener Kulturen mit einer Vielzahl von Religionen und Sprachen und sehr unterschiedlichem Entwicklungsstand. Das Land war von der Pazifikküste bis in große Höhenlagen und bis weit in die Urwaldzone dicht besiedelt.

Das einzig wirklich mächtige Reich war das der Chimú (1200 bis 1450 n. Chr.), an der Küste im Norden Perus gelegen, nahe der heutigen Stadt Trujillo. Chimú war berühmt wegen der Metallverarbeitung. Die Goldschmiede von Chimú waren große Künstler. Es gelang ihnen sogar, Platin, dessen Schmelzpunkt bei 1770 Grad Celsius liegt, zu bearbeiten. Im Städtebau übertrafen sie an Ausmaß und Planung alles bisher Dagewesene. Ihre Hauptstadt Chanchán soll über 100 000 Einwohner gehabt haben. Noch heute bedecken die Ruinen der Häuser, Tempel und Pyramiden eine Fläche von 18 Quadratkilometern. Sie wurden aus luftgetrockneten Lehmziegeln gebaut. Das Ende des wirtschaftlich und sozial hoch entwickelten Chimú-Staates und das anderer Regionalreiche kam, als sich das dritte panperuanische, von den Bergen kommende Volk ausbreitete, die Inka. Im Jahr 1450 ließ der Inka Túpac Yupanqui die Stadt Chanchán bestürmen. Der Widerstand der Belagerten brach erst,

als die Lebensader von Chanchán, die Kanäle, die das Wasser vom
Gebirge herbeiführten, von den Inka zerstört wurden.

1200 bis 1533 n. Chr.: Inka-Kultur. Um die Inka-Herrscher rankten
sich Mythen, die ihren weltlichen und religiösen Machtanspruch
legitimierten: Der Sonnengott Inti sandte seinen Sohn Manco Cápac und seine Tochter Mama Ocllo auf die Erde, um ein großes Reich
zu gründen und den Menschen Kultur und Wohlstand zu bringen.
Der Überlieferung nach hatte das Inkareich 13 Herrscher; die ersten
acht sind mythische Gestalten, die letzten fünf sind historisch be-
legt:

1. Manco Cápac, ca. 1200 (Gründer des Reiches?)
2. Sinchi Roca, ca. 1230 – 1260
3. Lloque Yupanqui, ca. 1260 – 1290
4. Mayta Cápac, ca. 1290 – 1320
5. Cápac Yupanqui, ca. 1320 – 1350
6. Inca Roca, ca. 1350 – 1380
7. Yahuar Huacac, ca. 1380 – 1410
8. Huiracocha Inca, ca. 1410 – 1438
9. Pachacútec Yupanqui, 1438 – 1471, der erste historisch belegte
   Inkaherrscher! Eroberte und unterwarf die Völker vom Titicacasee bis Ecuador. Verbesserte die Organisation des Reiches.
   Aussaat und Ernten wurden nach den Himmelskörpern bestimmt. Sonnenkult wurde Staatsreligion und das Quechua
   Staatssprache.
10. Túpac Yupanqui, 1471 – 1493, besiegte das Chimú-Reich, ver-
    größerte das Inkareich bis Mittelchile. Ließ eine Flotte von
    Balsaflößen bauen und blieb viele Monate auf See, wahrschein-
    lich kam er bis zu den Galapagos-Inseln.
11. Huayna Cápac, 1493 – 1527, erfolgreicher Feldherr. Das Inka-
    reich erlangte seine größte Ausdehnung, von Kolumbien bis zur
    Mitte des heutigen Chile. Er erfuhr durch seine Botschafter von
    der Ankunft bärtiger, weißer Männer an der Küste und erlag
    bald darauf einer Seuche, die von den Eindringlingen einge-
    schleppt worden war.

12. Huáscar, 1527 – 1532. Er wurde von seinem Bruder Atahualpa besiegt und hingerichtet.
13. Atahualpa, 1532 – 1533. Der Streit um die Herrschaft zwischen ihm und seinem Bruder war durch den Machtstreit zwischen der Priesterschaft und den Generälen geschürt worden. Als er nach schweren Kämpfen über den Bruder gesiegt hatte, unterschätzte er die Gefahr, die durch die Ankunft der Spanier entstanden war. Er wurde von den spanischen Eroberern gefangengenommen und 1533 zum Tode verurteilt.

Durchdrungen von der Gier nach Gold und besessen von einem fanatischen Missionseifer, zerstörten die spanischen Eroberer unwiederbringliche Kulturgüter und vernichteten das Leben von Millionen Menschen.

Übersicht über Bodenzeichnungen in anderen Gebieten

Peru
Nördlich von Nazca bis in die Nähe von Lima gab es einzelne Linien, die aber durch Bebauungen größtenteils vernichtet worden sind.

Provinz Arequipa: geometrische Zeichen und Figuren auf Plateaus und Berghängen (mündliche Mitteilungen von Piloten).

Halbinsel Paracas: In eine Düne der Pazifikküste wurde ein über 200 Meter großes Zeichen geprägt – der »Kandelaber«. Da es einem dreiarmigen Kerzenständer ähnelt, erhielt es diese Bezeichnung. Das Vorbild könnte ebenso eine dreizinkige »Gabel« gewesen sein, wie sie zum Fischfang verwendet wird. (Ein dreizinkiger Speer ist auch das Symbol des griechischen Meeresgottes Poseidon!) Das Alter des »Kandelabers« ist nicht bestimmbar. Da die Oberfläche der Düne salzverkrustet ist, verweht er nicht. Seit langem kennen ihn Seefahrer, denen er als Landmarke zur Orientierung dient. Einige spekulieren, er würde die »außerirdischen Besucher« auf den »Landeplatz« in Nazca einweisen. Doch ein Flugkörper, der sich danach richtete, würde das Ziel um mehr als 240 Kilometer verfehlen. Ich glaube, daß der »Kandelaber« auf den Friedhof von Paracas hinweist. Vielleicht wurden die Mumien mit Schiffen zur Halbinsel gebracht – dabei könnte das Zeichen als Orientierungsmarke gedient haben. Oder es war ein Symbol, um die Toten zu ehren und zu schützen.

Bolivien

Im *Altiplano* (Andenhochland) von Bolivien gibt es viele geradlinige Wege, die zu heiligen Schreinen, Bergen und Quellen führen. Sie werden mitunter noch heute bei festlichen Prozessionen von der Bevölkerung benutzt und müssen von der Vegetation gesäubert werden, sonst wachsen sie allmählich zu.

Chile

Nordchile, am Cerro Unitas: eine 100 Meter lange Dämonenfigur mit vier stabförmigen Auswüchsen auf dem viereckigen Kopf und seitwärtsgerichteten Schnurrhaaren. Neben dieser großen Figur ist ein kleines vierfüßiges Tier mit langem Schwanz dargestellt, vielleicht eine Echse. Die zwei Figuren sind nicht in Umrißlinien gezeichnet wie in Nazca, sondern der Untergrund der gesamten Fläche wurde freigelegt. Außerdem sind noch Kreise und Vierecke und ein katzenartiges Tier zu sehen, die gefleckte Fellfärbung ist durch Steinhaufen angedeutet. Alle Zeichen können nur vom Flugzeug aus wahrgenommen werden.

Nordchile, am Cerro Pintados: Schachbrettmuster und stilisierte menschenähnliche Figuren.

Provinz Antofagasta: Rechtecke, Pfeile, Leitern mit gebogenen Sprossen, Kreise, Ovale mit Schachbrettmustern.

USA

Südöstlich von Los Angeles, nahe der Ortschaft *Blythe* am Colorado River befinden sich eine 30 Meter große menschenähnliche

Figur und ein vierfüßiges Tier, außerdem eine Linie, die zu einer Spirale führt. Die Bodenbilder wurden wie in Nazca durch Freilegen eines hellen Untergrundes geschaffen, aber nicht wie dort mit einer Umrißlinie dargestellt, sondern flächig freigelegt. Entdeckt wurden sie 1932 von dem Piloten Georg Palmer.

Topock Maze, ebenfalls am Colorado River: Die Uferterrassen sind mit parallel verlaufenden Steinwällen und Furchen gestreift, zwei menschliche Figuren waren in das Streifenmuster eingefügt, sie sind aber durch Fahrzeuge vernichtet worden.

Arizona, nahe *Sacaton*: eine überdimensionale menschenähnliche Gestalt.

Vom Colorado-Fluß abwärts bis Mexiko, von den Rocky Mountains bis zu den Appalachen, gibt es über 5000 sogenannte Bilderhügel, die *Indian Mounds*. Es sind künstliche Erdwälle und Hügel, die aus der Luft als Figuren zu erkennen sind. Berühmt ist in *Adams Country*, Ohio, ein über 400 Meter langer gewundener Erdwall, der eine Schlange darstellt. Vermutlich wurde er von Indianern der Adena-Kultur um 500 – 100 v. Chr. oder von Hopewell-Indianern 200 n. Chr. angelegt. Erdwälle, die Bisons, Bären und fliegende Greifvögel darstellen, gibt es in *Chantry Hollow* in Iowa.

Rice Country, Kansas: eine 400 Meter lange Schlange, die mit ihrem geöffneten Maul eine ovale Form, ähnlich einem Ei, umschließt. Die Bodenzeichnung wurde mit Kalk ausgefüllt.

Parker, Arizona: Bodenzeichnung einer Schlange.

England
Uffington, Berkshire: ein weißes Pferd, 110 Meter lang. Die Grasnarbe wurde von den Kalkfelsen entfernt, in Form eines galoppierenden Pferdes. Manche Forscher vermuten, daß die Figur von Menschen der Steinzeit angelegt und die nachwachsende Vegetation immer wieder beseitigt wurde.

Wilmington: die 70 Meter lange Umrißzeichnung eines Mannes.

Saudi-Arabien

Nahe der jordanischen Grenze, bei *Tabuk*, sind in der Wüste 100 bis 200 Meter lange geometrische Figuren aus Steinwällen gebildet. Sie stellen Dreiecke dar, deren Spitzen zu einem Kamin auslaufen. Die Kamine tragen große schwarze Ringe, deren Durchmesser größer ist als die Grundlinie der Dreiecke. Alle Gebilde sind nur aus der Luft zu erkennen.

GUS

Gebiet am *Aralsee*: dreieckige Figuren mit Seitenlängen bis zu eineinhalb Kilometern und große Ovale, wahrscheinlich aus Steinwällen gebildet.

Bodenbilder wurden also vielerorts angelegt durch Entfernen der Vegetation oder mit Stein- und Erdaufhäufungen, aber auch, wie in Nazca, durch Abtragen einer dunklen Oberflächenschicht. Bei allen Bildern erschließt sich die Form dem Betrachter erst, wenn er sie von einem Flugzeug aus sieht. Die Bilder von Nazca unterscheiden sich von allen anderen durch ihre exakten geometrischen und mathematisch genau berechneten Formen.

Kurzbiographie von Maria Reiche

Maria Reiche wurde am 15. Mai 1903 in Dresden geboren, ihre Schwester Renate drei Jahre später, am 12. März 1906, und nochmals ein Jahr später der Bruder Franz. Der Vater war Amtsgerichtsrat am Dresdener Gericht, die Mutter hatte englische Literatur studiert und arbeitete später als Studienrätin. Marias Interesse galt schon in der Schule den Naturwissenschaften, besonders der Mathematik.

1924 begann sie mit dem Studium der Mathematik und Geographie an der Technischen Hochschule in Dresden. Nach zwei Semestern schreibt sie sich an der Universität in Hamburg ein und studiert dort Mathematik, Physik, Geographie und Philosophie. Nach zwei Semestern kehrt sie nach Dresden zurück und legt dort 1928 ihr Staatsexamen ab.

Sie bekommt in den folgenden Jahren nur befristete Anstellungen an Privatschulen, da die Situation durch die Weltwirtschaftskrise schwierig ist.

Maria bewirbt sich auf eine Annonce als Privatlehrerin für die Kinder des deutschen Konsuls in Cuzco, Peru. Im Jahr 1932 fährt sie mit dem Überseedampfer »Odenwald« nach Peru.

Im März 1934 ist der zweijährige Vertrag als Privatlehrerin ausgelaufen, und Maria verläßt Cuzco. Auf der Fahrt nach Lima schließt sie Freundschaft mit Rosita Garcia, deren Vater Richter und Konsul ist. Mit Hilfe der Familie Garcia gelingt es ihr, in Lima zu bleiben. Sie gibt Sprachstunden, Gymnastikunterricht und Massagen.

Im September 1936 besucht Maria ihre Familie in Deutschland, bleibt dort 10 Monate und fährt noch zwei Monate zu einem Studienaufenthalt nach London.

Im September 1937 ist sie wieder in Lima. Sie lebt nun hauptsächlich von Übersetzungsaufträgen und präpariert die Totentücher der Mumien von Paracas.

1941 lernt sie den amerikanischen Wissenschaftler Paul Kosok kennen und übersetzt seine Arbeiten vom Englischen ins Spanische. Von ihm erfährt sie von den Bodenzeichen in Nazca, und er bittet sie, Forschungen dort durchzuführen.

Im Dezember 1941 reist Maria Reiche das erste Mal nach Nazca. Sie entdeckt am 21. Dezember Sonnenwendlinien.

Als Ausländerin darf Maria während des Zweiten Weltkrieges Lima nicht verlassen.

So kann sie erst 1946 wieder nach Nazca fahren und entdeckt ihre erste Figur, die Spinne. Sie spürt, daß sie dazu berufen ist, die Wüstenzeichen zu erforschen.

1949 faßt sie ihre Untersuchungsergebnisse in einem Buch in spanischer Sprache zusammen. In Peru gibt es noch keinen Verleger, sie findet aber eine Druckerei, muß jedoch die Gestaltung selbst übernehmen. Sie läßt 1000 Exemplare drucken. Bald ist die Auflage verkauft.

Von 1952 bis 1977 kann sie ein Zimmer in der *hacienda San Pablo* bewohnen und widmet sich nun viele Jahre lang intensiv dem Vermessen der Zeichen und der Suche nach der Maßeinheit und den Konstruktionsprinzipien.

1955 kämpft sie gegen den Plan zur Bewässerung der Wüste und erreicht den Stopp der Bauarbeiten.

1960 unterrichtet sie Kinder in einem abgelegenen Dorf in den Anden.

1961 setzt sie ihre Arbeit in Nazca fort.

1968 schreibt und verlegt sie in Deutschland ihr Buch »Geheimnis der Wüste«.

1973 Ausstellung in München. Der Kunstraum zeigt ihre Arbeit: Fotos, Karten, maßstabsgetreue Zeichnungen. Maria hält Vorträge in München, Stuttgart, London.

1975 Vortragsreise in Deutschland.

Ab 1977 erhält Maria von der peruanischen Regierung das Wohnrecht im staatlichen Hotel von Nazca auf Lebenszeit, sie bekommt viele Ehrungen und Auszeichnungen und viermal den Ehrendoktor der San-Marcos-Universität von Lima.

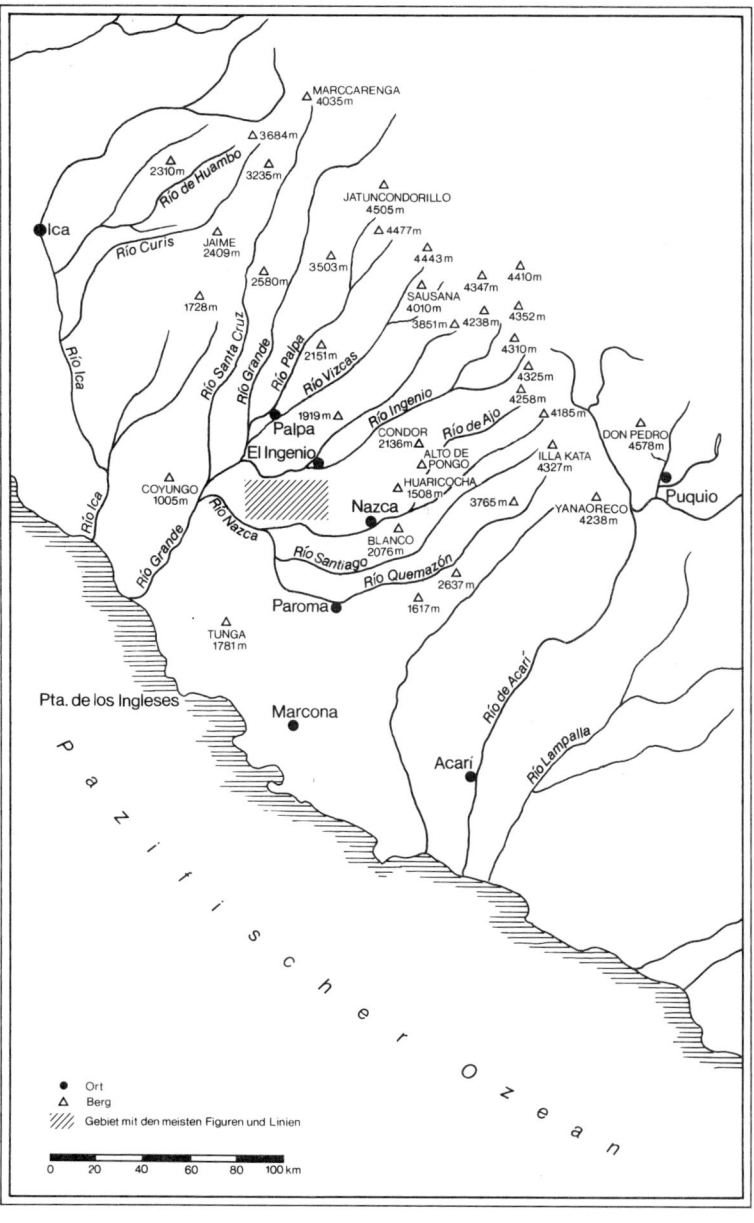

MARCCARENGA
4035m

△3684m

2310m △ Río de Huambo
△3235m

Río Curis

●Ica

JAIME △
2409m

△2580m

△1728m

JATUNCONDORILLO
4505m

△4477m

△4443m

△4410m

△3503m

SAUSANA △4347m
4010m
△3851m △4238m △4352m

△4310m

△2151m

Río Santa Cruz
Río Grande
Río Palpa
Río Vizcas

△4325m

△4258m

Río Ingenio
1919m △

CONDOR △4185m
2136m

Río de Ajo

DON PEDRO
4578m

●Palpa

El Ingenio ●

ALTO DE
△ PONGO

ILLA KATA
4327m

HUARICOCHA
1508m

●Puquio

COYUNGO
1005m △

Río Ica

Río Nazca

Nazca
●

△3765m

YANAORECO
4238m

Río Grande

BLANCO
2076m

Río Santiago

Río Quemazón

△2637m

Paroma ●

△1617m

TUNGA
1781m △

Río de Acarí

Río Lampalla

Pta. de los Ingleses

Marcona

Acarí
●

P a z i f i s c h e r   O z e a n

● Ort
△ Berg
/// Gebiet mit den meisten Figuren und Linien

0   20   40   60   80   100 km

REISERATGEBER mit Farbfotos

Spannende Erlebnisberichte und eine Auswahl der schönsten Routen mit vielen Farbfotos, Karten und nützlichen Informationen.

Dieter Kreutzkamp
Australien
Outback, Queensland und Norfolk Island. Mit Geländewagen, Camper, Kajak, Windjammer, Fahrrad und Kamel durch den fünften Kontinent
Reihe: Straßen in die Einsamkeit.
184 Seiten, 31 Farb-, 98 s/w-Fotos, 18 Karten
ISBN 3-89405-322-4

Thomas Troßmann
Der Wüste begegnen
Mit Motorrad, Auto, Kamel und zu Fuß durch die Sahara.
188 Seiten, 43 Farb-, 44 s/w-Fotos, 3 Karten
ISBN 3-89405-319-4

Ilija Trojanow/Michael Martin
Naturwunder Ostafrika
Durch Kenia, Tansania, Uganda und Ruanda. Mit Auto, Bus, Bahn, Boot, Motorrad, Mountainbike, Kamel und zu Fuß.
184 Seiten, 37 Farb-, 68 s/w-Fotos, 9 Karten
ISBN 3-89405-327-5

Dieter Kreutzkamp
Durch West-Kanada und Alaska
Die schönsten Nordlandrouten mit Auto, Bahn, Boot und zu Fuß.
Reihe: Straßen in die Einsamkeit.
176 Seiten, 30 Farb-, 70 s/w-Fotos, 15 Karten
ISBN 3-89405-303-8

Dieter Kreutzkamp
Im Westen der USA
Zwischen Pazifik und Arizona. Die schönsten Routen mit Auto, Motorrad, Kanu und zu Fuß.
Reihe: Straßen in die Einsamkeit.
198 Seiten, 30 Farb-, 99 s/w-Fotos, 21 Karten
ISBN 3-89405-309-7

Dieter Kreuzkamp
Namibia
Die schönsten Routen zwischen Kalahari und Diamantenwüste. Mit Geländewagen, Camper, Kanu, Motorrad und zu Fuß durch das südwestliche Afrika.
Reihe: Straße in die Einsamkeit.
200 Seiten, 33 Farb- und 106 s/w-Fotos, 7 Karten
ISBN 3-89405-333-8

FREDERKING & THALER

REISEABENTEUER in Hardcover

Spannende und informative Berichte von ungewöhnlichen Reisen mit zahlreichen Farbfotos. Geschenkausgabe, geb. mit Schutzumschlag.

Christina Dodwell
Jenseits von Sibirien
Mit Rentier-Nomaden durch die
weiße Tundra
192 Seiten, 54 Farbfotos, 1 Karte
ISBN 3-89408-328-3

Mark Shand
Auch Elefanten weinen
Auf einem Dickhäuter durch Indien
230 Seiten, 28 Farbfotos, 1 Karte
ISBN 3-89405-311-9

Christine Cerny
Ägyptenreise
Wo Vergangenheit und Gegenwart
sich treffen
213 Seiten, 41 Farb-, 35 s/w-Fotos,
1 Karte
ISBN 3-89405-320-8

Werner Kirsten
Westcoast-Story
Auf dem Pazifik-Highway nach
Süden
208 Seiten, 33 Farb-, 44 s/w-Fotos
ISBN 3-89405-314-3

Christian E. Hannig
Polarlicht
Rad-Abenteuer in Skandinavien,
Island und Grönland
220 Seiten, 44 Farb-, 33 s/w-Fotos,
1 Karte
ISBN 3-89405-321-6

Peter van Ham
Auf Buddhas Pfaden
2000 Kilometer durch den
Westhimalaya
ca. 350 Seiten, ca. 80 Farb- und
ca. 60 s/w-Fotos, 6 Karten
ISBN 3-89405-335-6

Rainer M. Schröder
**Zwischen Kapstadt und
Kalahari**
Spurensuche im südlichen Afrika
208 Seiten, 42 Farb-, 37 s/w-Fotos,
1 Karte
ISBN 3-89405-318-6

Dieter Kreutzkamp
Husky-Trail
Mit Schlittenhunden durch Alaska
240 Seiten, 32 Farb-, 50 s/w-Fotos,
4 Karten
ISBN 3-89405-312-7

 FREDERKING & THALER

GOLDMANN

Internationale Zeitgeschichte

Niklas Frank,
Der Vater   12500

Michael Wolffsohn,
Wem gehört das Heilige Land?   12469

Rolf Winter,
Ami go home   11685

Ralph Giordano,
Israel, um Himmels willen, Israel   12474

Goldmann · Der Taschenbuch-Verlag

GOLDMANN

Internationale Politik

H. Norman Schwarzkopf,
Man muß kein Held sein   12560

Wolf von Lojewski,
Amerika   12421

Alexander Niemetz,
Brennpunkt Nahost   12433

Klaus Bednarz,
Rußland   12516

Goldmann · Der Taschenbuch-Verlag

GOLDMANN

Erich von Däniken

Die Steinzeit war ganz anders 12438

Die Augen der Sphinx 12339

Der Tag, an dem die Götter kamen
11669

Der Götter-Schock 12565

Goldmann · Der Taschenbuch-Verlag

GOLDMANN

Faszination alter Welten

Goldmann · Der Taschenbuch-Verlag

GOLDMANN

Marion Gräfin Dönhoff

Deutschland, deine Kanzler   12311

Gestalten unserer Zeit   12358

Kindheit in Ostpreußen   12810

Preußen   12826

Goldmann · Der Taschenbuch-Verlag